やさしいイタリア語で読む

星の王子さま

IBCパブリッシング

カバーデザイン
佐久間麻理（3Bears）

●

語注
山川早霧

本書は、内藤濯氏による邦訳『星の王子さま』（初出：岩波少年文庫、1953年）の
タイトルを、日本語タイトルとして使わせていただきました。
長く愛される素晴らしい名訳を生み出した内藤氏に、敬意と感謝を表します。

はじめに

『星の王子さま』は、フランス人作家 Antoine de Saint-Exupéry（1900-1944）が書いた小説で、フランス語の初版は1943年に出版されました。平易な表現で寓話のスタイルを用いながら人間の本質を問いかける名作として、子どもから大人まで、全世界で読まれています。300以上の国や地域で翻訳されたロングセラーです。

本書は、そのサン＝テグジュペリが書いた原書の面白さを保ちつつ、読みやすくシンプルなイタリア語に書きおこした作品です。

イタリア語を学習している読者の皆さま、勉強は楽しくするのが一番だと思います。「やさしいイタリア語」で書かれたものなら、あまり中断されることなく、「読書の楽しみ」を味わうことができます。各ページには、読み進める上で助けになる語注も掲載しています。たくさんイタリア語に触れることが、イタリア語力アップにつながるのです。

子どもの頃、やさしい日本語で書かれたお話を楽しく読んで日本語を身につけたように、楽しくお話を読みながらイタリア語を習得すれば、やがてはイタリア語の原書を自由によみこなせるようになるはずです。

IBC編集部

＊欄外の単語解説では、名詞には性を付記しています。
(m)：男性名詞　(f)：女性名詞

Il Piccolo Principe

星の王子さま

サン=テグジュペリ
原著

エステル・フォーミッチェラ
イタリア語訳

A Léon Werth

Spero che i bambini mi **perdoneranno** se ho dedicato questo libro a una **persona grande**. Ma ho una buona scusa: questo adulto è il mio migliore amico. Ne ho anche una seconda di scusa: questo adulto capisce tutto, anche i libri per bambini. La mia terza scusa è che questo adulto vive in Francia, dove **soffre** la fame e il freddo. Ha bisogno di essere **consolato**. Se questi **motivi** non vi **bastano**, allora **dedicherò** il libro al bambino che questo adulto era. Tutti gli adulti, una volta, sono stati bambini. (Ma pochi di loro se lo **ricordano**.) E quindi la mia **dedica** sarà:

A Léon Werth
quando era un bambino.

☐ perdoneranno > perdonare 許す
☐ (persona) grande (f) 大人
☐ soffre > soffrire 苦しむ
☐ consolato > consolare 慰められる
☐ motivo (m) 理由
☐ bastano > bastare 足りる
☐ dedicherò > dedicare 献じる
☐ ricordano > ricordare 覚えている
☐ dedica (f) 献辞

Capitolo I

All'età di sei anni, ho visto una bellissima immagine in un libro. Il libro **si intitolava** Storie **vissute**. L'immagine rappresentava un serpente boa **nell'atto di inghiottire** un animale. Ecco la copia del **disegno**:

Nel libro c'era scritto: "Il serpente boa ingoia la **preda** in un unico boccone. Dopo aver mangiato, non **riesce** più a muoversi e dorme per sei mesi mentre digerisce."

Ho pensato a lungo alle avventure della giungla. Ho usato una **matita** colorata per **tracciare** il mio primo disegno. Il mio disegno numero 1. Era così:

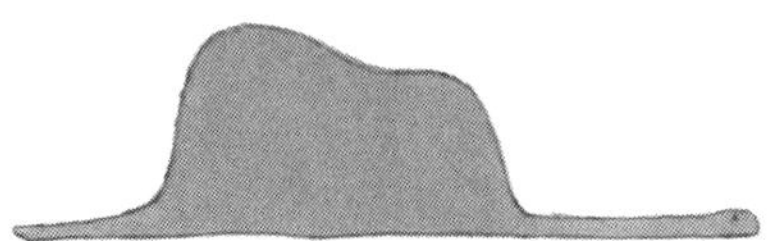

Ho mostrato il mio **capolavoro** ad alcuni adulti e ho chiesto se il mio disegno faceva loro paura.

Mi hanno risposto: "Perché un **cappello** dovrebbe fare paura?"

Ma io non avevo **disegnato** un cappello. Il mio disegno **ritraeva** un serpente boa che mangiava un elefante. Allora ho **realizzato** un secondo disegno. Per farglielo capire, il mio secondo disegno ritraeva l'interno del serpente boa. I grandi hanno sempre bisogno di spiegazioni. Il mio disegno numero 2 era così:

☆

- □ si intitolava > intitolarsi ～と題される
- □ vissute > vissuto (vivere) 経験した
- □ nell'atto di ～しようとしている最中に
- □ inghiottire 飲み込む
- □ disegno (m) デッサン
- □ preda (f) 獲物
- □ riesce > riuscire できる、成功する
- □ matita (f) 鉛筆
- □ tracciare 線で描く
- □ capolavoro (m) 傑作
- □ cappello (m) 帽子
- □ disegnato > disegnare スケッチする
- □ ritraeva > ritrarre 表す
- □ realizzato > realizzare 現す

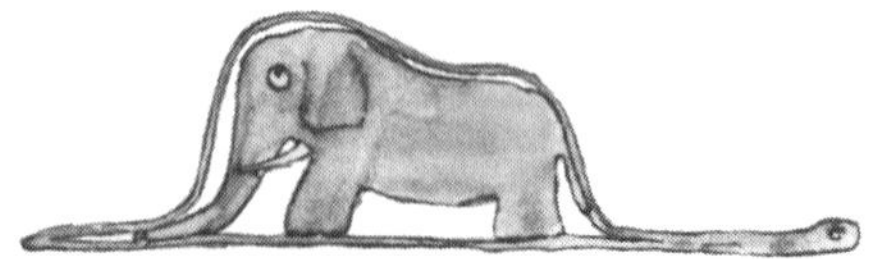

I grandi mi hanno **consigliato** di **smetterla** di disegnare serpenti boa visti dall'interno o dall'esterno e di **dedicarmi**, invece, alla matematica, alla storia e alla geografia. È così che, all'età di sei anni, ho abbandonato il mio sogno di diventare un pittore. L'**insuccesso** dei miei disegni numero 1 e numero 2 **mi** aveva **scoraggiato**. I grandi non capiscono mai niente **da soli**. E i bambini si stancano a dover spiegare loro sempre ogni cosa. Così, **invece** di **diventare** un pittore, ho **imparato** a **pilotare** gli **aerei**. Ho volato **un po' dappertutto** nel mondo. E la geografia, è vero, mi è servita a molto. Sapevo **distinguere con un'occhiata** la Cina dall'Arizona. Cosa molto utile se ci **si perde** di notte.

Ho incontrato molte persone importanti nella mia vita. Ho vissuto **parecchio** tra i grandi. Li ho visti molto da vicino. Ma questo non ha **migliorato** la mia opinione su di loro.

Quando ne incontravo uno che mi sembrava un po' più **sveglio**, gli facevo un piccolo test: gli mostravo il mio disegno numero 1. Volevo sapere se era **davvero** uno che capisce le **cose**. Ma la risposta era sempre la stessa: "È un cappello". Allora non gli parlavo né di serpenti boa, né di animali **selvatici** né di stelle. Al contrario, gli parlavo di cose che potessero interessare i grandi. Gli parlavo di golf, di società e di abiti. E l'adulto era ben contento di conoscere un uomo così **gradevole**.

- ☐ consigliato > consigliare 勧める
- ☐ smetterla > smettere 止める
- ☐ dedicarmi > dedicarsi 打ち込む
- ☐ insuccesso (m) 不成功
- ☐ mi scoraggiato > scoraggairsi がっかりする
- ☐ da soli > da solo 自力で
- ☐ invece 代わりに
- ☐ diventare ～になる
- ☐ imparato > imparare 習得する
- ☐ pilotare 操縦する
- ☐ aerei > aereo (m) = aeroplano 飛行機
- ☐ un po' dappertutto そこら中
- ☐ distinguere 見分ける
- ☐ (con) un'occhiata 一目で
- ☐ si perde > perdersi 迷う
- ☐ parecchio 相当な
- ☐ migliorato > migliorare 改善する
- ☐ sveglio 目の覚めている
- ☐ davvero 本当に
- ☐ cose > cosa (f) ものごと
- ☐ selvatici > selvatico 野生の
- ☐ gradevole 好ましい

Capitolo II

Così ho **trascorso** la mia vita da solo. Non avevo nessuno con cui parlare davvero. **Fino a quando**, sei anni fa, il mio aeroplano ha avuto un **guasto** nel deserto del Sahara. Ero tutto solo. Sapevo di dover riparare il mio aeroplano da solo, senza nessun aiuto. Era questione di vita o di morte. Avevo pochissima acqua. Sarebbe **durata** per soli otto giorni.

La prima sera nel deserto **mi addormentai** velocemente. Ero molto stanco. Mi trovavo a mille miglia da qualsiasi luogo abitato o essere umano. Mi sentivo più isolato di un **naufrago** su una **zattera** in mezzo all'oceano. Per cui immaginate la mia sorpresa quando, al levare del giorno, una vocina strana mi ha **svegliato**. La voce diceva: "Per favore... disegnami una **pecora**!"

"Cosa?"

"Disegnami una pecora..."

☐ trascorso > trascorrere 過ごす
☐ fino a quando ～するまで
☐ guasto (m) 故障
☐ durata > durare 持つ
☐ mi addormentai > addormentarsi 眠りにつく
☐ naufrago (m) 遭難者
☐ zattera (f) いかだ
☐ svegliato > svegliare 起こす
☐ pecora (f) ヒツジ

Sono **balzato** in piedi **in preda** a uno shock. E ho visto un **ometto assolutamente insolito** che mi **fissava**. Ecco il mio **ritratto** migliore di lui. L'ho fatto **in seguito**. Naturalmente il mio disegno è lungi dall'essere perfetto. I grandi mi avevano **dissuaso** dal disegnare all'età di sei anni, quando non avevo imparato a disegnare niente **tranne** l'interno e l'esterno dei serpenti boa.

Guardavo quell'ometto fissandolo con **stupore**. Non dimenticate che mi trovavo nel deserto, a mille miglia da qualsiasi luogo abitato o essere umano. Ma il mio ometto non sembrava né **smarrito** né stanco, né morto di fame né impaurito. Non aveva per nulla l'aspetto di un bambino perduto nel mezzo del deserto. Quando finalmente riuscii a parlare, gli domandai:

"Ma... che cosa ci fai tu qui?"

E lui mi ripeté:

"Per favore... disegnami una pecora!"

Feci quello che mi aveva chiesto. Presi dalla mia **tasca** un foglio di carta e una penna. Ma allora mi ricordai che **sebbene** avessi imparato molte cose a scuola, non sapevo disegnare. E a **mezza bocca** glielo dissi. Ma lui rispose:

"Non importa. Disegnami una pecora."

Siccome non avevo mai disegnato un pecora, rifeci per lui uno dei due disegni che ero capace di fare: il disegno del serpente boa visto dall'esterno che aveva mangiato un elefante. Lui lo guardò. Rimasi **stupefatto** nel sentirgli dire:

"No, no! Non voglio un serpente boa che ha mangiato un elefante. I serpenti boa sono pericolosi e gli elefanti sono molto grandi. Dove vivo io, tutto è piccolo. Ho bisogno di una pecora. Disegnami una pecora."

☆

- □ balzato > balzare 飛び上がる
- □ in preda a ～に襲われる
- □ ometto (m) 少年
- □ assolutamente まったく
- □ insolito 珍しい
- □ fissava > fissare みつめる
- □ ritratto (m) 肖像
- □ in seguito 後で
- □ dissuaso > dissuadere 思いとどまらせる
- □ tranne ～以外
- □ stupore (m) 驚き
- □ smarrito 途方にくれた
- □ tasca (f) ポケット
- □ sebbene にもかかわらず
- □ a mezza bocca あいまいに
- □ siccome なので
- □ stupefatto あっけにとられる

E disegnai una pecora.

Lui la guardò con attenzione e disse:

"No! Questa è malata. Fanne un'altra."

E ne disegnai un'altra.

Il mio nuovo amico sorrise e disse:

"Questa non è una pecora, è un **ariete**. Ha le **corna**."

Feci un altro disegno. Ma neanche questo gli piacque:

"È troppo vecchia. Voglio una pecora che viva a lungo."

Avevo fretta. Dovevo riparare il mio aeroplano. **Scarabocchiai** velocemente il disegno qui sotto e gli dissi: "Questa è una scatola. La pecora che vuoi è dentro."

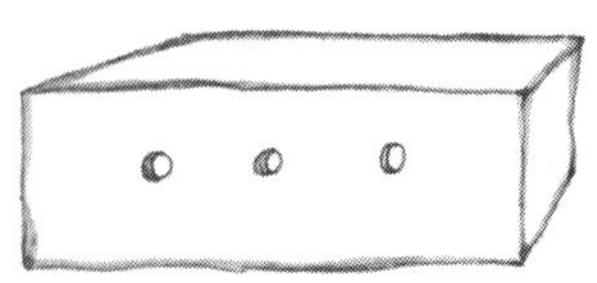

Rimasi sorpreso di vedere il suo **volto** illuminarsi:

"È proprio così che la volevo! Secondo te questa pecora ha bisogno di tanta **erba**?"

"Perché?"

"Perché dove vivo io, tutto è piccolo."

"Questa pecora non avrà bisogno di tanta erba. Ti ho fatto una pecora molto piccola."

Lui guardò attentamente il disegno:

"Non è così piccola... Guarda! Si è addormentata..."

E fu così che feci la conoscenza del piccolo principe.

☐ ariete (m) 雄羊
☐ corna (m) 角
☐ scarabocchiai > scarabocchiare なぐり書きする
☐ volto (m) 顔色
☐ erba (f) 草

Capitolo III

Mi **ci volle** molto tempo per capire da dove veniva.

Il piccolo principe, che mi faceva molte domande, sembrava non capire le mie. Finii per sapere qualcosa su di lui solo **attraverso** alcune sue **osservazioni** fatte **per caso**. Quando vide per la prima volta il mio aeroplano (non lo disegnerò perché sarebbe un disegno troppo complicato per me), mi chiese:

"Che cos'è quella cosa là?"

"Non è una cosa. Vola. È un aereo. È il mio aereo."

Ero **fiero** di dirgli che sapevo volare. Lui **gridò**:

"Cosa? Sei **caduto** dal cielo?"

"Sì", dissi.

"Oh! È **buffo**..."

E il piccolo principe **scoppiò** a ridere, cosa che **mi turbò**. Voglio che i miei problemi vengano presi sul serio. Infine disse:

- □ ci volle > volerci 必要とする
- □ attraverso ～を通じて
- □ osservazioni > osservazione (f) 観察
- □ per caso 偶然に
- □ fiero 誇らしい
- □ gridò > gridare 叫ぶ
- □ caduto > cadere 落ちる、倒れる
- □ buffo おかしい、こっけいな
- □ scoppiò > scoppiare 不意に～する
- □ mi turbò > turbarsi（心を）乱す

"Allora anche tu vieni dal cielo! Di che **pianeta** sei?"

Intuii una luce nel mistero della sua presenza. Gli chiesi **bruscamente**:

"Quindi vieni da un altro pianeta?". Ma lui non mi rispose. Poi, dolcemente, mentre guardava il mio aereo disse: "È vero che non puoi essere venuto da molto lontano..."

E rimase a lungo perso nei suoi pensieri. Tirò fuori dalla tasca il mio disegno della pecora e la studiò **in contemplazione**.

Ero molto interessato a quello che il piccolo principe aveva detto **riguardo a** "gli altri pianeti". Desideravo saperne di più per cui gli chiesi:

"Da dove vieni, piccolo amico? Dov'è la tua casa? Dove vuoi portare la mia pecora?"

Dopo un po' lui rispose:

"Quello che c'è di buono, è che la scatola che mi hai dato, le servirà da casa per la notte."

"Sì, certo. E se sei buono, ti darò qualcosa per **legare** la pecora durante il giorno."

La mia offerta **scandalizzò** il piccolo principe.

"Legarla? Che buffa idea!"

Capitolo III

- ☐ pianeta (m) 惑星
- ☐ intuii > intuire 察する
- ☐ bruscamente 無作法に
- ☐ in contemplazione じっと見つめる
- ☐ riguardo a ～に関して
- ☐ legare つなぐ
- ☐ scandalizzò > scandalizzare 憤慨させる

"Ma se non la leghi, andrà in giro e si perderà."

Il mio amico scoppiò in una nuova **risata.**

"Ma dove credi che vada?"

"**Ovunque.** Dritto davanti a sé."

E il piccolo principe mi rispose gravemente:

"Non importa, è **talmente** piccolo da me!"

E con una voce triste, rispose:

"Dritto davanti a sé non si può andare molto lontano..."

Capitolo IV

Avevo così saputo una seconda cosa molto importante. Il suo pianeta era poco più grande di una casa!

La cosa non **mi stupiva** molto. Oltre ai grandi pianeti come la

Terra, Giove, Marte e Venere, ce ne sono centinaia molto piccoli. Quando un astronomo scopre uno di questi piccoli pianeti, gli dà per nome un numero. Lo chiama per esempio Asteroide 3251.

Ho **serie ragioni** per credere che il pianeta da cui veniva il piccolo principe è l'asteroide B612. Questo asteroide è stato visto una sola volta, nel 1909, da un astronomo turco. L'astronomo aveva presentato la sua scoperta al Congresso Internazionale di Astronomia. Ma nessuno gli aveva creduto **per via del** suo abito turco. I grandi sono fatti così.

☐ risata (f) 笑い声
☐ ovunque どこでも
☐ talmente それほどに
☐ mi stupiva > stupirsi 驚かせる
☐ serie > serio まじめな
☐ ragioni > ragione (f) 道理、理屈
☐ per via del > per via di ～のために

Fortunatamente per la **reputazione** dell'asteroide B612, un dittatore turco **imposte** al suo popolo di vestirsi all'europea. L'astronomo **rifece** la sua presentazione nel 1920, **indossando** un **completo** molto elegante. E questa volta tutti gli **diedero retta.**

Se vi ho raccontato di questo asteroide e del suo numero è proprio per i grandi. I grandi amano i numeri. Quando gli parlate di un nuovo amico, non fanno mai domande sulle cose essenziali. Non vi chiedono mai:

"Che tono ha la sua voce? Quali sono i suoi giochi preferiti? Colleziona farfalle?" Vi chiedono: "Quanti anni ha? Quanti fratelli ha? Quanto **pesa**? Quanto **guadagnano** i suoi genitori?" Solo allora credono di conoscerlo. Se dite ai grandi: “Ho visto una bella casa in **mattoni** rosa, con fiori alle finestre...”, loro non riescono a immaginarsela. Bisogna dire loro: “Ho visto una casa da centomila franchi.” E allora i grandi **esclameranno**: “Com’è bella!”

Così se voi dite ai grandi: “La prova che il piccolo principe è **esistito** sta nel fatto che era bellissimo, che rideva e che voleva una pecora. Quando uno vuole una pecora è la prova che esiste”, non vi crederanno. Vi **tratteranno** come un bambino. Ma se invece gli dite: “Il pianeta da cui veniva è l’asteroide B612”, allora vi crederanno e

☐ reputazione (f) 評判
☐ imposte > impostare 定める
☐ rifece > rifare 再度する
☐ indossando > indossare 身に着ける
☐ completo (m) そろいの服、スーツ
☐ diedero retta > dare retta 耳を傾ける
☐ pesa (f) 重さ
☐ guadagnano > guadagnare 稼ぐ
☐ mattoni > mattone (m) レンガ
☐ esclameranno > esclamare 感心して叫ぶ
☐ esistito > esistere 実在する
☐ tratteranno > trattare 扱う

smetteranno di farvi domande. I grandi sono fatti così. Non c'è da prendersela. I bambini devono essere molto **indulgenti** con i grandi. Ma, certo, noi che comprendiamo la vita, **ci** facciamo **beffe** dei numeri. Mi sarebbe piaciuto cominciare questo libro come una bella storia. Mi sarebbe piaciuto scrivere:

"C'era una volta un piccolo principe, che abitava su un pianeta poco più grande di lui e che aveva bisogno di un amico..." Per coloro che comprendono la vita, sarebbe stato molto più vero.

Il mio libro non deve essere letto **alla leggera**. Provo **dolore** a raccontarlo qui. Sono già sei anni che il mio amico se ne è andato con la sua pecora. Ne scrivo per non dimenticarlo. È triste dimenticare un amico. Non tutti hanno avuto un amico. E posso diventare anche io come i grandi che si interessano soltanto di **cifre**. E per questo ho comprato una scatola di colori e delle matite. È difficile **rimettersi** a disegnare alla mia età, dopo non aver disegnato altro che un serpente boa dal di fuori e dal di dentro! Cercherò di fare i migliori disegni possibili. Ma non sono sicuro di riuscirci. Un disegno va bene, ma l'altro non **assomiglia** per niente al piccolo principe. Qui è troppo alto. Lì è troppo piccolo. Ho dei **dubbi** anche sul colore dei suoi abiti. Allora vado avanti, facendo del mio meglio. Farò di sicuro degli errori. Ma bisognerà perdonarmi. Il mio piccolo amico non mi dava mai delle spiegazioni. Forse credeva che fossi come lui. Forse credeva che capissi tutto da solo. Ma io non so vedere le pecore attraverso le scatole. Forse sono diventato come i grandi. Devo essere **invecchiato**.

- □ indulgenti > indulgente 寛大な
- □ ci beffe > beffarsi あざ笑う
- □ alla leggera 軽々しく
- □ dolore (m) 苦しみ
- □ cifre > cifra (f) 数字
- □ rimettersi 再開する
- □ assomiglia > assomigliare 似ている
- □ dubbi > dubbio (m) 疑い
- □ invecchiato 年を取った

Capitolo V

Ogni giorno imparavo qualcosa sul suo pianeta, sui motivi per cui era partito, e sul suo viaggio. Imparavo queste cose un po' alla volta **per caso**, mentre parlavamo. Fu così che, al terzo giorno, **appresi** dei baobab.

Anche questa volta fu grazie alla pecora. **All'improvviso**, come preso da un dubbio, il piccolo principe mi chiese:

"È proprio vero che le pecore mangiano gli **arbusti**?"

"Sì. È vero."

"Oh! Sono contento."

Non capii perché era così importante che le pecore mangiassero gli arbusti. Ma il piccolo principe continuò:

"Allora mangiano anche i baobab?"

Gli feci **osservare** che i baobab non erano arbusti, ma degli alberi grandi come chiese. **Anche se** avesse avuto un **branco** di elefanti, il branco non sarebbe riuscito a mangiare un solo baobab.

L'idea del branco di elefanti fece ridere il piccolo principe:

"Bisognerebbe metterli gli uni sugli altri..."

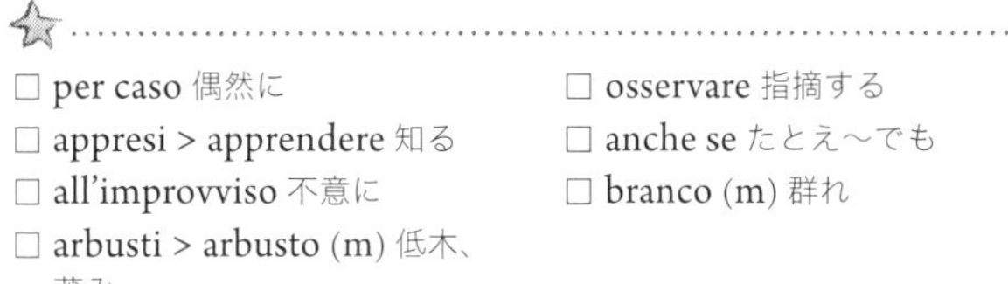

- □ per caso 偶然に
- □ appresi > apprendere 知る
- □ all'improvviso 不意に
- □ arbusti > arbusto (m) 低木、茂み
- □ osservare 指摘する
- □ anche se たとえ～でも
- □ branco (m) 群れ

Poi disse:

"I baobab, prima di diventare grandi, cominciano con l'essere piccoli."

"È esatto. Ma perché vuoi che le tue pecore mangino i piccoli baobab?"

Mi rispose: "**Beh, è ovvio!**" come se si **trattasse di** una cosa importante. E dovetti prestare molta attenzione per capire quello che disse **a seguire**. Sul pianeta del piccolo principe, come su tutti i pianeti, ci sono le erbe buone e quelle **cattive**. Di **conseguenza**: dei buoni **semi** di erbe buone e dei cattivi semi di erbe cattive. Ma i semi sono piccolissimi e difficili da vedere. Dormono nella terra finché non decidono di **risvegliarsi**. Allora spingono un **ramoscello attraverso** la terra. Se **si tratta di** una pianta buona, si può lasciarlo spuntare. Ma se il ramoscello diventa una pianta cattiva, bisogna **strapparla** il prima possibile. C'erano dei terribili semi sul pianeta del piccolo principe: erano i semi del baobab. Il suolo ne era **invaso**. E se si aspetta troppo tempo per **estirparlo**, il baobab **crescerà** fino a coprire l'intero pianeta. Lo **ingombra** tutto il pianeta. E se il pianeta è troppo piccolo e ci sono troppi baobab, i baobab lo **distruggeranno.**

- □ beh では、じゃあ
- □ ovvio もちろん
- □ trattasse di > trattare di ～を論じる
- □ a seguire 続けて
- □ cattive > cattivo 悪い
- □ conseguenza (f) 結果
- □ semi > seme (m) 種
- □ finché ～するまで
- □ risvegliarsi 目覚める
- □ ramoscello (m) 小枝
- □ attraverso 通り抜けて
- □ si tratta di > trattarsi da ～のようにふるまう
- □ strapparla > strappare 引き抜く
- □ invaso > invadere はびこる
- □ estirparlo > estirpare 根こそぎにする
- □ crescerà > crescere 成長する
- □ ingombra > ingombrare ふさぐ
- □ distruggeranno > distruggere 破壊する

"Bisogna **occuparsi** di loro ogni giorno", mi disse **in seguito** il piccolo principe. "Ogni mattina, mi **prendo cura del** mio pianeta. Devo strappare i baobab appena li riesco a distinguere dalle rose. I baobab assomigliano molto alle rose quando sono piccoli. È un lavoro molto **noioso**, ma facile". E un giorno mi chiese di farne un disegno per farlo capire ai bambini del mio pianeta. "Se un giorno viaggeranno", mi diceva, "questo potrebbe aiutarli. A volte si può aspettare e **rimandare** un lavoro. Ma se si tratta dei baobab, aspettare **comporta** seri problemi. Ho conosciuto un pianeta abitato da un uomo **pigro**. Aveva **trascurato** tre arbusti e..."

E mentre il piccolo principe lo descriveva ho disegnato quel pianeta. In generale non mi piace dire alle persone quello che devono fare. Ma il pericolo dei baobab è così poco conosciuto. E così questa volta ho fatto un'**eccezione** alla mia regola. E dico: "Bambini! Fate attenzione ai baobab!" Ho lavorato molto a questo disegno. Spero che **insegni** ai miei amici questo pericolo. La lezione che volevo dare **giustificava** la fatica fatta

- □ occuparsi 精を出す
- □ in seguito のちに
- □ prendo cura del > prendere cura di ～の世話をする
- □ noioso わずらわしい
- □ rimandare 先延ばしにする
- □ comporta > comportare もたらす
- □ pigro 怠惰
- □ trascurato > trascurare 放置する
- □ eccezione (f) 例外
- □ insegni > insegnare 教える
- □ giustificava > giustificare 正当化する

per disegnarlo. Forse mi potreste domandare: perché non ci sono in questo libro altri disegni **altrettanto** buoni come quello dei baobab? La risposta è semplice: ho cercato di fare del mio meglio, ma non ci sono riuscito. Quando ho disegnato i baobab, ero **animato** da un sentimento di urgenza.

Capitolo VI

Oh! Piccolo principe, ho cominciato a capire alla fine la tristezza della tua piccola vita. Non hai mai avuto molto tempo per i piaceri, **eccetto** che per **godere** della bellezza del tramonto. Ho appreso questo particolare il quarto giorno, al mattino, quando mi hai detto:

"Mi piacciono tanto i tramonti. Andiamo a vederne uno..."

"Ma bisogna aspettare..."

"Aspettare cosa?"

"Aspettare che il sole tramonti."

All'inizio sei sembrato molto sorpreso, poi hai riso di **te stesso.** E hai detto: "Per un attimo ho creduto di essere a casa!"

Come tutti sanno, quando è mezzogiorno negli Stati Uniti, il sole sta tramontando in Francia. **Basterebbe** andare in Francia in un minuto per **assistere** al tramonto. **Sfortunatamente** la Francia è troppo lontana. Ma sul tuo piccolo pianeta ti bastava **spostare** la sedia di qualche **passo.** E guardavi il tramonto tutte le volte che volevi.

☆

- □ altrettanto 同様に
- □ animato > animare 突き動かされる
- □ eccetto ～以外は
- □ godere 楽しむ
- □ te stesso（自分）自身
- □ basterebbe > bastare 足りる
- □ assistere 立ち会う
- □ sfortunatamente 不幸にも
- □ spostare 動かす
- □ passo (m) 歩

"Un giorno ho visto il sole tramontare quarantatré volte!"

Più tardi hai aggiunto:

"Sai... quando si è molto tristi, guardare il tramonto ti fa sentire meglio..."

Gli ho chiesto: "Il giorno in cui hai visto il sole tramontare quarantatré volte eri molto triste?"

Ma il piccolo principe non mi ha risposto.

Capitolo VII

Il quinto giorno mi fu **svelato** il **segreto** della vita del piccolo principe. Mi fece una domanda a **bruciapelo**. Come se ci avesse pensato a lungo:

"Se una pecora mangia gli arbusti, mangia anche i fiori?"

"Una pecora mangia tutto quello che trova."

"Anche i fiori che hanno le spine?"

"Sì. Anche i fiori che hanno le spine."

"Allora le spine a cosa servono?"

Non lo sapevo. Ero molto occupato. Stavo cercando di riparare il mio aeroplano. Ero preoccupato. L'aeroplano era difficile da riparare e non mi rimaneva più molta acqua da bere.

"Allora le spine a cosa servono?" Il piccolo principe non **rinunciava** mai a una domanda. Poiché ero preoccupato e **irritato**, dissi la prima cosa che mi venne in mente:

☐ svelato > svelare 明らかにする
☐ segreto (m) 秘密
☐ bruciapelo だしぬけに
☐ rinunciava > rinunciare (rinunziare) 断念する
☐ irritato いらいらして

"Le spine non servono a niente. I fiori hanno le spine perché sono cattivi!"

"Oh!"

Dopo un po' lui rispose con un certo **rancore**:

"Non ti credo! I fiori sono deboli. Sono **ingenui** e belli. Cercano di **proteggersi** come possono. Credono che le spine li **terranno** al sicuro..."

Non risposi. Non stavo ascoltando. Stavo pensando al mio aeroplano. Ma il piccolo principe continuò:

"E tu, tu credi che i fiori..."

"No! No! Non credo niente! Ho risposto la prima cosa che mi è venuta in mente. Mi occupo di cose serie!"

Mi guardò **stupefatto** e gridò:

"Cose serie!"

E aggiunse: "Parli come i grandi!"

Mi vergognai un po'. Ma lui continuò: "Non capisci niente!"

Era veramente irritato. Scuoteva al vento i suoi capelli dorati:

"Conosco un pianeta dove c'è un signore **cremisi**. Non ha mai **annusato** un fiore. Non ha mai guardato una stella. Non ha mai voluto bene a nessuno. Non fa altro che **addizioni**. E tutto il giorno ripete come te: "Sono un uomo importante! Sono un uomo importante!" E si **gonfia** di **orgoglio**. Ma lui non è un uomo, è un **fungo**!"

"Che cosa?"

"Un fungo!"

Il piccolo principe adesso era rosso dalla **collera**:

☆

- □ rancore (m) うらみ
- □ ingenui > ingenuo 純真
- □ proteggersi 身を守る
- □ terranno > tenere 保つ
- □ stupefatto ぼう然とした
- □ mi vergognai > vergognarsi 恥ずかしく思う
- □ cremisi 深紅
- □ annusato > annusare 香りをかぐ
- □ addizioni > addizione 足し算
- □ gonfia > gonfio 膨れた
- □ orgoglio (m) プライド
- □ fungo (m) キノコ
- □ collera (f) 怒り

"Da milioni di anni i fiori hanno le spine. **Eppure** è da milioni di anni che le pecore mangiano i fiori. Come puoi dire che non è importante cercare di capire perché i fiori continuano ad avere le spine che non servono a niente? Come puoi dire che non è importante la guerra fra le pecore e i fiori? Non è più importante delle addizioni di un grosso signore rosso? E se io conosco un fiore unico al mondo che non esiste da nessuna altra parte se non sul mio pianeta, e se una piccola pecora può distruggere quel fiore mangiandolo una mattina, senza rendersi conto di quello che ha fatto, non è importante questo?"

Arrossì per poi continuare:

"Se una persona ama un fiore che vive solo su una stella tra milioni e milioni di altre stelle, questo basta a farlo felice quando le guarda. Vede le stelle e dice a se stesso: <Il mio fiore è là in qualche luogo>. Ma se la pecora mangia il fiore, è come se per lui, tutto **a un tratto**, le stelle **si spegnessero**. E non è importante questo!"

Il piccolo principe non riuscì più a **proseguire**.

Scoppiò a piangere. Era caduta la notte. Smisi di fare quello che stavo facendo. **Me** ne **infischiavo** del mio aeroplano, o della mia fame o **persino** della possibilità di morire. C'era, su una stella, su un pianeta, questo pianeta, il mio pianeta, la Terra, un piccolo principe infelice! Lo presi tra le **braccia**. Lo tenni stretto a me. Gli dissi: "Il fiore che ami non è in pericolo... Disegnerò qualcosa per proteggere il tuo fiore... Io..." Non sapevo bene cosa dirgli. Mi sentivo molto **inutile**. Non sapevo come **raggiungerlo**... Il paese delle **lacrime** è così misterioso.

☆

- □ eppure それでも、にもかかわらず
- □ arrossì > arrossire 赤面する
- □ a un tratto 突然
- □ si spegnessero > spegnersi 消える
- □ proseguire 続ける
- □ me infischiavo > infischiarsi 気にしない
- □ persino = perfino ～にいたるまで
- □ braccia > braccio (m) 腕
- □ inutile 役に立たない
- □ raggiungerlo > raggiungere 届く
- □ lacrime > lacrima (f) 涙

Capitolo VIII

Imparai ben presto a conoscere meglio questo fiore. Sul pianeta del piccolo principe c'erano sempre stati fiori molto semplici. Avevano una sola fila di petali. Apparivano un mattino e scomparivano la sera. Ma questo fiore speciale era **spuntato** da un seme venuto chissà da dove. Il piccolo principe aveva guardato con attenzione questa pianta insolita che cominciava a crescere. Non assomigliava a nessun'altra pianta. Poteva essere una nuova specie di baobab. Poi questa nuova pianta cominciò a preparare un fiore. Il piccolo principe immaginò che questo fiore sarebbe stato qualcosa di speciale. Ma il fiore non era ancora pronto a **schiudersi**. Non la smetteva di farsi bello. Sceglieva **con cura** i suoi colori. Si vestiva lentamente. Voleva **apparire** nel pieno splendore della sua bellezza. Eh sì, era molto **vanitoso**! La sua preparazione durò giorni e giorni. E poi infine, un mattino, proprio all'ora del levar del sole, il fiore si schiuse.

Dopo questa attenta preparazione, disse:

"Oh! Non sono ancora del tutto sveglio... Mi devi scusare... Non sono ancora pronto..."

Il piccolo principe non riuscì a **frenare** la sua **ammirazione**. Gridò:

"Come sei bello!"

"Vero?" rispose dolcemente il fiore. "E sono nato insieme al sole..."

Il piccolo principe poté vedere che non era troppo modesto. Ma era così bello e delicato!

☆

- ☐ spuntato > spuntare 生える
- ☐ schiudersi 開く
- ☐ con cura 気をつけて
- ☐ apparire 現れる
- ☐ vanitoso うぬぼれの強い
- ☐ frenare 抑える
- ☐ ammirazione (f) 賛美

"Credo sia l'ora della mia colazione," gli disse. "Se tu potessi essere così gentile da..."

E il piccolo principe, sentendosi confuso, **riempì** un innaffiatoio con dell'acqua fresca e servì al fiore la sua colazione.

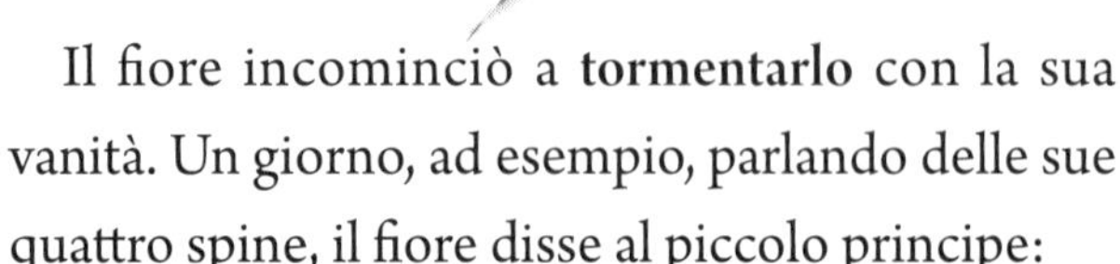

Il fiore incominciò a **tormentarlo** con la sua vanità. Un giorno, ad esempio, parlando delle sue quattro spine, il fiore disse al piccolo principe:

"Possono venire le tigri. Non ho paura dei loro **artigli**!"

"Non ci sono tigri sul mio pianeta", **obiettò** il piccolo principe.

"E poi le tigri non mangiano l'erba."

"Io non sono un'erba," aveva dolcemente risposto il fiore.

"Scusami..."

"Non ho paura delle tigri. Ma le **correnti** d'aria non fanno bene alla mia salute. Non hai per caso un paravento?"

"Le correnti d'aria non fanno bene alla sua salute...insolito per una pianta," pensò il piccolo principe. "È molto complicato questo fiore..."

"Alla sera mi metterai al riparo sotto una **campana di vetro**. Fa molto freddo qui dove vivi. Da dove vengo io..."

Ma **si interruppe**. Era arrivato sotto forma di seme sul pianeta del piccolo principe. Non poteva conoscere nulla degli altri pianeti. Sentendosi **umiliato** per essersi lasciato sorprendere a dire una **bugia** così ingenua, **tossì** due o tre volte:

☐ riempì > riempìre 満杯にする
☐ tormentarlo > tormentare 苦しめる
☐ artigli > artiglio かぎ爪
☐ obiettò > obiettare 反論する
☐ correnti > corrente (f) 流れ
☐ campana (f) 釣り鐘型のふた
☐ vetro (m) ガラス
☐ si interruppe > interropersi 中断する
☐ umiliato 自尊心が傷つく
☐ bugia (f) 嘘
☐ tossì > tossicchaire 咳をする

"E questo paravento?"

"Stavo per andare a cercarlo ma continuavi a parlare!"

Allora il fiore tossì di nuovo per fargli sentire dei rimorsi.

Così il piccolo principe iniziò a **dubitare** del fiore che amava. Si era **fidato** di quello che il fiore aveva detto, e adesso era infelice.

"Non avrei dovuto ascoltarlo," **mi confidò** un giorno. "Non bisogna mai ascoltare quello che dicono i fiori. Basta guardarli e respirarli. Il mio fiore aveva reso tutto il mio pianeta bello, ma non riuscivo a gioirne. Avrei dovuto essere più gentile con lui..."

Continuò:

"Allora non ho capito niente! Avrei dovuto giudicarlo dagli **atti** e non dalle parole. Illuminava il mio mondo. Non sarei mai dovuto partire! Avrei dovuto vedere la dolcezza dietro i suoi giochi sciocchi. I fiori sono così **complessi**! Ma ero troppo giovane per saperlo amare."

☆

- ☐ dubitare 疑う
- ☐ fidato > fidare 信じる
- ☐ mi confidò > confidarsi 打ち明ける
- ☐ atti > atto (m) 行為
- ☐ complessi > complesso ややこしい

Capitolo IX

Credo siano stati degli uccelli selvatici ad aiutare il piccolo principe a lasciare il suo pianeta. Il mattino della sua partenzalo mise bene in ordine. Pulì accuratamente i vulcani in attività. C'erano due vulcani in attività. Erano molto utili per **scaldare** la colazione del mattino. E possedeva anche un vulcano spento. Ma come lui diceva, "Non si sa mai!" e così pulì anche il vulcano spento. Se sono puliti, i vulcani **bruciano** piano piano, senza causare problemi.

Il piccolo principe strappò anche gli ultimi germogli di baobab. Era triste perché credeva di non ritornare più. Quando si preparò a mettere il suo fiore per l'ultima volta sotto la campana di vetro, aveva una gran voglia di piangere.

"Addio," disse al fiore.

Ma il fiore non rispose.

"Addio," disse di nuovo.

Il fiore tossì. Ma non tossì perché era raffreddato.

☐ scaldare あたためる
☐ bruciano > bruciare 燃える

"Sono stato uno sciocco," disse alla fine. "Mi dispiace per come mi sono comportato. Cerca di essere felice."

Il piccolo principe fu sorpreso che non fosse arrabbiato con lui per la sua partenza. Rimase fermo. Non sapeva cosa fare. Non capiva quella calma dolcezza.

"Ti voglio bene," gli disse il fiore. "Ma tu non l'hai mai saputo per come mi sono comportato. Questo non ha importanza adesso. E sei stato sciocco quanto me. Cerca di essere felice... Non preoccuparti della campana. Non la voglio più."

"Ma il vento..."

"Non sono così debole... L'aria fresca della notte mi farà bene. Sono un fiore."

"Ma le bestie..."

"Se voglio conoscere le farfalle, devo sopportare qualche bruco. Sembra che le farfalle siano molto belle. Altrimenti chi verrà a farmi visita? Tu sarai lontano. E non ho paura delle bestie. Ho le mie spine."

E mostrò ingenuamente le sue quattro spine. Poi aggiunse:

"Non **indugiare** così. Hai deciso di partire, allora vattene."

Non voleva che lo vedesse piangere. Era un fiore molto orgoglioso.

Capitolo X

Il piccolo principe si trovava vicino agli asteroidi 325, 326, 327, 328, 329 e 330. Decise di fare loro visita. Voleva saperne di più. **Inoltre**, voleva trovare qualcosa da fare.

Sul primo asteroide viveva un re. Il re sedeva su un **trono** semplice ma bello e indossava un **meraviglioso** vestito color porpora.

☆

- ☐ sciocco ばか
- ☐ mi comportato > comportarsi ふるまう
- ☐ sopportare 耐える
- ☐ altrimenti さもなければ
- ☐ indugiare ぐずぐずする
- ☐ inoltre 加えて
- ☐ trono (m) 王座
- ☐ meraviglioso みごとな

"Ah! Ecco un **suddito**!" esclamò il re quando vide il piccolo principe.

E il piccolo principe si domandò:

"Come fa a sapere chi sono? Non mi ha mai visto prima."

Non sapeva che per i re il mondo è molto **semplificato**. Tutti gli uomini sono dei sudditi.

"**Avvicinati** così posso vederti meglio," disse il re. Finalmente aveva un suddito di cui essere orgoglioso.

Il piccolo principe cercò con gli occhi un posto dove potersi sedere. Ma il pianeta era occupato dall'abito del re, per cui dovette rimanere in piedi. E poiché era stanco, **sbadigliò**.

Il re gli disse:

"Non è permesso sbadigliare in presenza di un re. Ti ordino di smettere di sbadigliare."

"Non posso farne a meno," rispose il piccolo principe, confuso. "Ho fatto un lungo viaggio e non ho dormito..."

"Allora," disse il re, "ti ordino di sbadigliare. Sono anni che non vedo qualcuno sbadigliare. Gli sbadigli mi interessano. Avanti! Sbadiglia

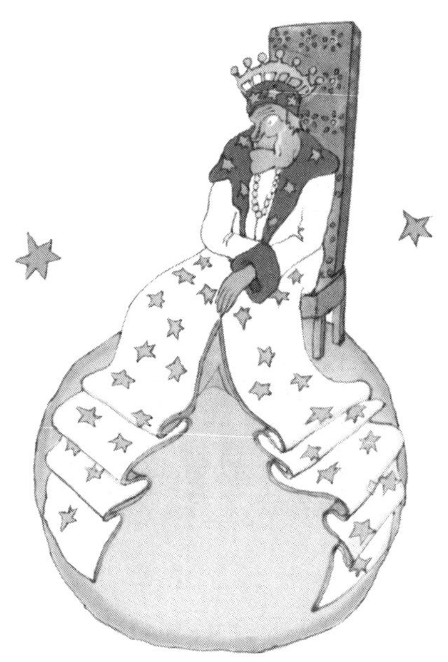

ancora. È un **ordine**."

"Mi avete intimidito... Non posso più sbadigliare," disse il piccolo principe, arrossendo.

"Hum! Hum!" disse il re. "Allora io... Ti ordino di sbadigliare un po' e un po'..."

Smise di parlare. Sembrò **seccato**.

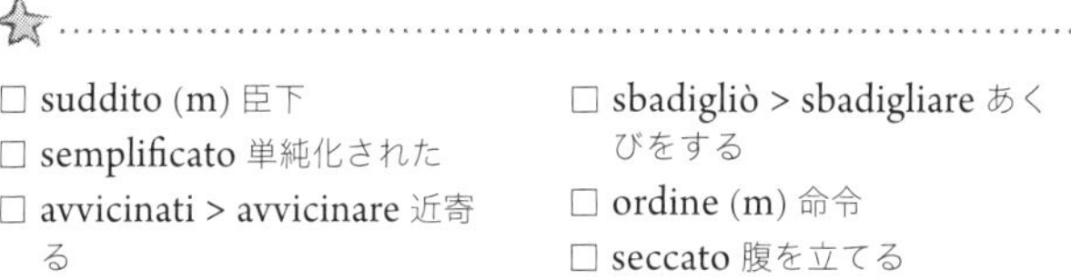

☐ suddito (m) 臣下
☐ semplificato 単純化された
☐ avvicinati > avvicinare 近寄る
☐ sbadigliò > sbadigliare あくびをする
☐ ordine (m) 命令
☐ seccato 腹を立てる

Soprattutto il re voleva essere certo che il suo potere fosse totale. Era un **monarca assoluto** e non **tollerava** la **disobbedienza**. Ma siccome era molto sensibile, i suoi ordini erano sempre **ragionevoli.**

"Se ordinassi al mio generale di trasformarsi in un uccello e se il generale non **obbedisse**, non sarebbe colpa del generale. Sarebbe colpa mia."

"Posso sedermi?" chiese il piccolo principe.

"Ti ordino di sederti," rispose il re. Spostò con attenzione il suo mantello porpora.

Il piccolo principe fu sorpreso. Il pianeta era molto piccolo. Su cosa governava il re?

"Sire," gli disse, "scusatemi se vi interrogo..."

"Ti ordino di interrogarmi," si affrettò a rispondere il re.

"Sire... su che cosa **regnate**?"

"Su tutto," rispose il re.

"Su tutto?"

Il re con un gesto indicò il suo pianeta, gli altri pianeti e tutte le stelle.

"Su tutto questo?" disse il piccolo principe.

"Su tutto questo..." rispose il re.

Perché non era solo un monarca assoluto, ma un monarca universale.

"E le stelle vi **ubbidiscono**?"

"Certamente," gli disse il re. "Mi ubbidiscono **in pieno**. Non **consentirei** loro di disobbedirmi."

Un **tale** potere **meravigliò** il piccolo principe. Se l'avesse avuto lui, avrebbe potuto assistere non a quarantatré ma a settantadue, o anche a centro, o a duecento tramonti nella stessa giornata, senza dover spostare mai la sedia! E **sentendosi** un po' triste al pensiero del suo piccolo pianeta che aveva **abbandonato**, decise di chiedere una grazia al re:

- □ soprattutto 何よりも
- □ monarca (m) 君主
- □ assoluto 完全な
- □ tollerava > tollerare 耐えられない
- □ disobbedienza (f) 不服従
- □ ragionevoli > ragionevole 理性的
- □ obbedisse > obbedire 従う
- □ regnate 治める
- □ ubbidiscono > ubbidire 従う
- □ in pieno 完全に
- □ consentirei > consentire 認める
- □ tale それほどの
- □ meravigliò > meravigliare 驚かせる
- □ sentendosi > sentirsi 感じる
- □ abbandonato > abbandonare 置きざりにする

"Vorrei tanto vedere un tramonto... Mi fareste questo piacere? Ordinate al sole di tramontare..."

"Se ordinassi a un generale di volare da un fiore all'altro come una farfalla e il generale non eseguisse i miei ordini, chi avrebbe **torto**, lui o io?"

"L'avreste voi," disse **con fermezza** il piccolo principe.

"Esatto. Come re devo ordinare a ogni suddito quello che lui può fare," disse il re. "L'**autorità** deriva dalla ragione. Se ordinassi ai miei sudditi di **gettarsi** in mare, **si ribellerebbero** alla mia **volontà**. Ho il **diritto** di **governare** in quanto re perché i miei ordini sono ragionevoli."

"E allora il mio tramonto?" gli ricordò il piccolo principe, che non si dimenticava mai di una domanda quando l'aveva fatta.

"L'avrai il tuo tramonto. Lo **esigerò**. Ma aspetterò che le condizioni siano favorevoli."

"E quando lo saranno?" si informò il piccolo principe.

"Hem! Hem!" gli rispose il re. **Consultò** un grosso calendario.

"Hem! Hem! Sarà verso... verso... questa sera **intorno** alle sette e quaranta! E vedrai come i miei ordini saranno **rispettati**."

Il piccolo principe sbadigliò. Desiderava avere il suo tramonto. E stava cominciando ad **annoiarsi**.

"Non ho più niente da fare qui," disse al re. "Me ne vado!"

"Non partire," rispose il re, che era tanto **fiero di** avere un suddito.

"Non partire, ti farò ministro!"

"Ministro di cosa?"

"Di... della giustizia!"

"Ma se non c'è nessuno da **giudicare**!"

☆

- ☐ torto (m) 過ち
- ☐ con fermezza きぜんと
- ☐ autorità (f) 権威
- ☐ gettarsi 身を投げる
- ☐ si ribellerebbero > ribellarsi 反乱を起こす
- ☐ volontà (f) 意志
- ☐ diritto (m) 権利
- ☐ governare 治める
- ☐ esigerò > esigere 要請する
- ☐ consultò > consultare 参照する
- ☐ intorno 辺り
- ☐ rispettati > rispettare 尊重される
- ☐ annoiarsi 退屈する
- ☐ fiero di ～が自慢の
- ☐ giudicare 裁く

"Non si sa mai," disse il re. "Non ho ancora visto tutto il mio regno. Sono molto vecchio. Non ho un mezzo con cui **spostarmi** e **mi affatico** a camminare."

"Oh! Ma l'ho già visto io," disse il piccolo principe. Diede un'occhiata sull'altro **lato** del pianeta. "Non c'è nessuno **nemmeno** lì."

"Allora giudicherai te stesso," disse il re. "È la cosa più difficile. È molto più difficile giudicare se stessi che gli altri. Se riesci a giudicarti bene, **significa** che sei un vero **saggio**."

"Io posso giudicarmi ovunque," disse il piccolo principe. "Non ho bisogno di abitare qui."

"Hem! Hem!" disse il re. "Credo che da qualche parte sul mio pianeta ci sia un vecchio topo. Lo sento durante la notte. Potrai giudicare questo vecchio topo. Lo **condannerai** a morte di **tanto in tanto**. Ma lo **grazierai** ogni volta. Non dobbiamo **esagerare**. Ce ne è solo uno."

"Non mi piace l'idea di condannare qualcuno a morte," disse il piccolo principe. "Preferisco andarmene."

"No," disse il re.

Ma il piccolo principe non voleva fare arrabbiare il vecchio re:

"Vostra Maestà potrebbe darmi un ordine ragionevole. Per esempio, potrebbe ordinarmi di partire prima che sia passato un minuto. Credo che le condizioni siano favorevoli..."

Il re non rispose. Il piccolo principe esitò un momento. E poi, con un **sospiro**, abbandonò il pianeta del re.

"Ti **nomino** mio **ambasciatore**," **si affrettò** a gridargli dietro il re.

Aveva un'aria di grande autorità.

"Sono strani i grandi," si disse il piccolo principe durante il viaggio.

- □ spostarmi > spostarsi 移動する
- □ mi affatico > affaticarsi 疲れる
- □ lato (m) 側面
- □ nemmeno ～さえない
- □ significa > significare 意味する
- □ saggio (m) 賢人
- □ condannerai > condannare 有罪にする
- □ tanto in tanto ときたま
- □ grazierai > graziare 恩赦にする
- □ esagerare 度を越す
- □ sospiro (m) ため息
- □ nomino > nominare 指名する
- □ ambasciatore (m) 大使
- □ si affrettò > affrettarsi 急ぐ

Capitolo XI

Il secondo pianeta era abitato da un **vanitoso**.

"Ah! Ecco la visita di un **ammiratore**!" gridò il vanitoso appena vide il piccolo principe.

Per i vanitosi tutti gli altri uomini sono degli ammiratori.

"Buongiorno," disse il piccolo principe. "Che buffo cappello avete!"

"É per salutare," gli rispose il vanitoso. "È per salutare quando le persone mi **acclamano**. Sfortunatamente, non passa mai nessuno da queste parti."

"Ah sì," disse il piccolo principe che non capiva.

"**Batti** le mani l'una contro l'altra," disse il vanitoso.

Il piccolo principe batté le mani l'una contro l'altra. Il vanitoso salutò **sollevando** il cappello.

"È più divertente della visita al re," si disse il piccolo principe. E **ricominciò** a battere le mani l'una contro l'altra. Il vanitoso ricominciò a salutare sollevando il cappello.

Dopo cinque minuti di questo esercizio, il piccolo principe si stancò.

- ☐ vanitoso みえ坊
- ☐ ammiratore (m) 賛美者
- ☐ acclamano > acclamare 喝采を送る
- ☐ batti > battere たたく
- ☐ sollevando > sollevare 持ち上げる
- ☐ ricominciò > ricominciare 再び始める

"Perché sollevi il cappello?" gli chiese.

Ma il vanitoso non lo **intese**. I vanitosi non sentono altro che le **lodi**.

"Mi ammiri molto, veramente?" domandò al piccolo principe.

"Cosa vuol dire ammirare?" disse il piccolo principe.

"Ammirare vuol dire che mi consideri l'umo più bello, più elegante, più ricco e più intelligente di tutto il pianeta."

"Ma tu sei solo sul tuo pianeta!"

"Fammi questo piacere, ammirami **lo stesso**!"

"Ti ammiro," disse il piccolo principe, che non capiva. "Ma perché è così importante per te?"

E il piccolo principe lasciò il pianeta.

"Sono davvero strani i grandi," si disse mentre continuava il suo viaggio.

Capitolo XII

Il pianeta **appresso** era abitato da un **ubriacone.** La visita del piccolo principe a questo pianeta fu molto breve ma **immerse** il piccolo principe in una grande **malinconia.**

"Che cosa fai qui?" chiese all'ubriacone. L'ubriacone aveva molte bottiglie davanti a lui. Alcune bottiglie erano **vuote** ed altre erano piene.

"Bevo," rispose l'ubriacone in tono **lugubre.**

"Perché bevi?" gli chiese il piccolo principe.

"Bevo per dimenticare," disse l'ubriacone.

☆

- □ intese > intendere 聞く
- □ lodi > lode (f) 賛辞
- □ lo stesso いずれにしても
- □ appresso 次の
- □ ubriacone (m) 大酒飲み
- □ immerse > immergere 浸す、つかる
- □ malinconia (f) 憂うつ
- □ vuote > vuoto からっぽ
- □ lugubre 悲しい

"Per dimenticare cosa?" chiese il piccolo principe, che cominciava già a **compiangerlo**.

"Per dimenticare che ho **vergogna**," gli disse l'ubriacone, rintanandosi ancora di più nella sua sedia.

"Vergogna di che?" gli chiese il piccolo principe, che voleva aiutarlo.

"Vergogna di bere!" rispose l'ubriacone, chiudendosi in un silenzio definitivo.

Il piccolo principe se ne andò senza aver capito quello che aveva visto.

"I grandi sono davvero molto, molto strani", si disse.

Capitolo XIII

Il quarto pianeta era abitato da un uomo d'**affari**. Questo uomo era così occupato che non vide neanche arrivare il piccolo principe.

"Buongiorno," disse il piccolo principe. "La vostra sigaretta è **spenta**."

"Tre più due fa cinque. Cinque più sette fa dodici. Dodici più tre fa quindici. Buongiorno. Quindici più sette fa ventidue. Ventidue più sei fa ventotto. Non ho tempo per **riaccenderla**. Ventisei più cinque fa trentuno. Ouf! **Dunque** fa cinquecento e un milione, seicento e ventiduemila, settecento trentuno."

☆

☐ compiangerlo > compiangere 同情する
☐ vergogna (f) 恥
☐ affari > affare (m) 実業
☐ spenta > spento 消えた
☐ riaccenderla > riaccendere 再点火する
☐ dunque それでは、したがって

"Cinquecento milioni di che?" chiese il piccolo principe.

"Cosa? Sei ancora lì? Cinquecento e un milione di... Non ricordo... Ho talmente tanto da fare! Sono un uomo importante, non ho tempo di fare i **giochetti**! Due più cinque fa sette..."

"Cinquecento e un milione di che?" ripeté il piccolo principe. Il piccolo principe non rinunciava mai a una domanda una volta che l'aveva espressa.

L'uomo d'affari alzò la testa e disse:

"Da cinquantaquattro anni che abito in questo pianeta non sono stato disturbato che tre volte. La prima volta è stato ventidue anni fa quando un insetto è caduto **chissà** da dove. Faceva un rumore **spaventoso** e ho fatto quattro errori in un'addizione. La seconda volta è stato undici anni fa quando mi sono **ammalato**. Non faccio **abbastanza** esercizio. Non ho tempo da perdere. Sono un uomo importante. La terza volta... eccolo! Dicevo dunque, cinquecento e un milione di..."

"Milioni di cosa?"

L'uomo d'affari capì che il piccolo principe non avrebbe smesso di fare domande. E rispose:

"Milioni di quelle piccole cose che si vedono a volte nel cielo."

"Di **mosche**?"

"No, no. Di piccole cose che brillano."

"Di **api**?"

- □ giochetti > giochetto (m) お遊び
- □ chissà わからない
- □ spaventoso おそろしい
- □ ammalato > ammalare 病気になる
- □ abbastanza 十分な
- □ mosche > mosca (f) ハエ
- □ api > ape (f) ミツバチ

"No. Di quelle piccole cose dorate che fanno **fantasticare i poltroni**. Ma sono un uomo importante, io! Non ho il tempo di stare seduto a fantasticare."

"Oh! Di stelle," disse il piccolo principe.

"Sì. Esatto. Di stelle."

"E che ne fai di cinquecento milioni di stelle?"

"Cinquecento e un milione, seicento e ventiduemila, settecento trentuno stelle." Sono un uomo importante. Sono un uomo **preciso.**"

"E che te ne fai di queste stelle?"

"Che cosa me ne faccio?"

"Sì."

"Niente. Le **possiedo.**"

"Tu possiedi le stelle?"

"Sì."

"Ma ho già incontrato un re che..."

"I re non possiedono. Ci regnano sopra. È molto diverso," disse l'uomo d'affari.

"E a che ti **serve** possedere le stelle?"

"Mi serve a essere ricco."

"E a che ti serve essere ricco?"

"A comprare altre stelle se qualcuno le trova."

"Quest'uomo ragiona allo stesso modo dell'ubriacone," si disse il piccolo principe. **Tuttavia** fece qualche altra domanda:

"Come si può possedere le stelle?"

"Di chi sono?" rispose l'uomo d'affari arrabbiato.

"Non lo so. Di nessuno."

"Allora sono mie perché sono stato il primo a pensare di poterle possedere."

"E questo basta?"

"Certo. Quando trovi un diamante che non è di nessuno, è tuo. Quando trovi un'isola che non è di nessuno, è tua. Quando hai un'idea per primo, è tua. Ed io possiedo le stelle perché nessuno prima di me si è **sognato** di possederle."

☐ fantasticare 夢想する
☐ poltroni > poltrone (m) なまけ者
☐ preciso 厳密な
☐ possiedo > possedere 所有する
☐ serve > servire 役に立つ
☐ tuttavia それでも
☐ sognato > sognare 夢見る

"La cosa ha senso," disse il piccolo principe "E che te ne fai di queste stelle?"

"Le conto e le riconto," disse l'uomo d'affari. "È un lavoro difficile. Ma sono un uomo importante, io!"

Ma il piccolo principe non aveva smesso di fare domande.

"Se possiedo un **fazzoletto**, lo posso mettere **intorno** al collo e portarmelo via. Se possiedo un fiore, lo posso **raccogliere** e portarlo via. Ma non puoi portare le stelle via con te!"

"No, ma posso metterle in banca," disse l'uomo d'affari.

"Che cosa vuol dire?"

"Vuol dire che scrivo su un **pezzetto di carta** il numero delle mie stelle. E poi chiudo a chiave questo pezzetto di carta in un luogo sicuro."

"Tutto qui?"

"È sufficiente!"

"È **divertente**," pensò il piccolo principe. "È un'idea interessante ma non ha molto senso." Il piccolo principe pensò di avere idee diverse sulle cose serie. Disse all'uomo d'affari:

"Io possiedo un fiore che **innaffio** tutti i giorni. Possiedo tre vulcani che **pulisco** una volta a settimana. Sono utile al mio fiore e ai miei vulcani. Ma tu non sei utile alle stelle."

L'uomo d'affari aprì la bocca ma non trovò niente da rispondere. E il piccolo principe se ne andò.

"Sono davvero insoliti i grandi," si disse il piccolo principe mentre continuava il suo viaggio.

- □ fazzoletto (m) ハンカチ、スカーフ
- □ intorno 周り
- □ raccogliere 摘み取る
- □ pezzetto di carta 紙切れ
- □ divertente 面白い
- □ innaffio > innaffiare (annaffiare) 水やりする
- □ pulisco > pulire 掃除する

Capitolo XIV

Il quinto pianeta era molto strano. Era il più piccolo di tutti. Vi era appena lo spazio per un lampione e l'uomo che l'accendeva. Il piccolo principe non riusciva a spiegarsi perché ci fossero un lampione e un lampionaio su un pianeta senza case né persone. Eppure si disse:

"Forse la presenza di questo lampionaio è assurda. Tuttavia è meno assurda del re, del vanitoso, dell'uomo d'affari e dell'ubriacone. Almeno il suo lavoro ha un senso. Quando accende il lampione, è come se facesse nascere una stella in più o un fiore. Quando lo spegne, addormenta il fiore o la stella. È una bellissima occupazione. Ed è utile perché è bella."

Arrivando sul pianeta, il piccolo principe salutò il lampionaio:

"Buongiorno. Perché spegni il tuo lampione?"

"È la consegna," rispose il lampionaio. "Buongiorno."

"Che cos'è la consegna?"

"È di spegnere il lampione. Buonasera." E lo **riaccese**.

"E adesso perché lo riaccendi?" chiese il piccolo principe.

"È la consegna," rispose il lampionaio.

"Non capisco," disse il piccolo principe.

"Non c'è niente da capire," disse il lampionaio. "Una consegna è una consegna. Buongiorno." E spense il lampione.

Poi si **asciugò** la **fronte** con un fazzoletto.

"Faccio un **mestiere** terribile. Una volta era ragionevole. Spegnevo al mattino e accendevo alla sera. Avevo il resto del giorno per **riposarmi** e il resto della notte per dormire..."

☆

- ☐ vi appena > appenarsi 苦しむ
- ☐ senza case né persone 〜も〜もない
- ☐ assurda ばかげている
- ☐ almeno 少なくとも
- ☐ consegna (f) 命令
- ☐ riaccese > riaccendere 再点火する
- ☐ asciugò > asciugare 拭く
- ☐ fronte (f) 額、顔
- ☐ mestiere (m) 職業
- ☐ riposarmi > riposarsi (身を) 休める

"E dopo di allora è cambiata la consegna?"

"La consegna non è cambiata," disse il lampionaio. "Questo è il problema! Il pianeta **di anno in anno** ha **iniziato** a girare sempre più **in fretta** e la consegna non è cambiata!"

"**Ebbene?**" disse il piccolo principe.

"Ebbene ora che fa un giro al minuto, non ho più tempo per riposarmi. Accendo e spengo il lampione una volta al minuto!"

"È divertente! Su questo pianeta un giorno dura solo un minuto!"

"Non è **per nulla** divertente," disse il lampionaio. "Lo sai che stiamo parlando da un mese?"

"Da un mese?"

"Sì. Trenta minuti! Trenta giorni! Buonasera." E riaccese il suo lampione.

Il piccolo principe **ammirò** questo lampionaio così **fedele** alla sua consegna. Si ricordò dei tramonti sul suo pianeta e di come li cercasse spostando la sua sedia. E volle aiutare il lampionaio. Disse:

"Sai, conosco un **modo** per farti riposare quando vorrai..."

☐ di anno in anno 年々
☐ iniziato > iniziare 〜し始める
☐ in fretta 急いで
☐ ebbene それで
☐ per nulla まったくもって
☐ ammirò > ammirare 感嘆する
☐ fedele 忠実な
☐ modo (m) 方法

"Vorrei riposarmi sempre," disse il lampionaio.

È possibile essere fedeli e pigri allo stesso tempo.

Il piccolo principe continuò:

"Il tuo pianeta è così piccolo che in tre passi ne puoi fare il giro. Anche se cammini lentamente, sarà sempre giorno. Quindi quando vorrai riposarti camminerai e il giorno **durerà finché** vorrai."

"Non mi serve a molto," disse il lampionaio. "Ciò che desidero soprattutto è dormire."

"Non hai fortuna," disse il piccolo principe.

"Non ho fortuna," rispose il lampionaio. "Buongiorno." E spense il lampione.

Mentre continuava il suo viaggio, il piccolo principe si disse:

"Questo uomo sarebbe **disprezzato** da tutti coloro che ho incontrato: dal re, dal vanitoso, dall'uomo d'affari e dall'ubriacone. Tuttavia, è il solo uomo che non mi sembri **ridicolo**. Forse perché si occupa di qualcosa che non sia **se stesso**."

Il piccolo principe sospirò e si disse:

"Questo è il solo di cui avrei potuto essere

amico. Ma il suo pianeta è veramente troppo piccolo. Non c'è posto per due..."

Il piccolo principe avrebbe desiderato fermarsi su quel piccolo pianeta perché avrebbe avuto millequattrocentoquaranta tramonti ogni ventiquattro ore!

☐ durerà > durare 持続する
☐ finché ～まで
☐ disprezzato > disprezzare 軽べつする
☐ ridicolo こっけいな
☐ se stesso 自身

Capitolo XV

Il sesto pianeta era dieci volte più grande dell'ultimo. Era abitato da un vecchio signore che scriveva enormi libri.

"Ecco un **esploratore**," esclamò il vecchio quando vide il piccolo principe.

Il piccolo principe si sedette sul tavolo. Era stanco. Era in viaggio da tanto tempo!

"Da dove vieni?" gli domandò il vecchio signore.

"Che cos'è questo grosso libro? Che cosa fate qui?" gli domandò il piccolo principe.

"Sono un **geografo**," disse il vecchio signore.

"Che cos'è un geografo?"

"Un geografo è una persona che sa dove si **trovano** gli oceani, i fiumi, le città, le montagne e i deserti."

"È molto interessante," disse il piccolo principe. "Questo finalmente è un vero mestiere!" E **diede un'occhiata** tutto intorno al pianeta del

geografo. Non aveva mai visto fino ad ora un pianeta così grande e bello.

"È molto bello il vostro pianeta. Ci sono molti oceani?"

"Non lo so," rispose il geografo.

"Oh." (Il piccolo principe ne fu **deluso**). E delle montagne?"

"Non lo so," rispose il geografo.

"E delle città, dei fiumi e dei deserti?"

"**Neppure** questo posso sapere," disse il geografo.

"Ma siete un geografo!"

- ☐ esploratore (m) 冒険家
- ☐ geografo (m) 地理学者
- ☐ trovano > trovare 見つける
- ☐ diede un'occhiata > dare un'occhiata 一瞥する
- ☐ deluso がっかりした、失望した
- ☐ neppure 〜すら〜ない

"Esatto," disse il geografo. "Ma non sono un esploratore. Non ci sono esploratori qui. Non è il geografo che va a **contare** le città, i fiumi, le montagne, gli oceani o i deserti. Il geografo è troppo importante per **andare in giro**. Un geografo non lascia mai la sua **scrivania**. Ma parla con gli esploratori, e prende **appunti** di quello che hanno visto. E se sono interessato a quello che un esploratore dice, allora devo **scoprire** se l'esploratore è **o meno** una persona seria."

"Perché?"

"Perché un esploratore che **mente** potrebbe **creare** dei problemi nei libri di geografia. Ed anche un esploratore che beve troppo."

"Perché?" chiese il piccolo principe.

"Perché gli ubriachi vedono doppio. E allora il geografo **annoterebbe** due montagne là dove ce n'è solo una."

"Io conosco qualcuno che sarebbe un cattivo esploratore," disse il piccolo principe.

"È possibile. Dunque, quando la **moralità** dell'esploratore sembra buona, si fa un'**inchiesta** sulla sua scoperta."

"Si va a vedere?"

"No, è troppo complicato. Ma l'esploratore deve **fornire** le prove che la scoperta è vera. Se l'esploratore ha scoperto una grossa montagna, si **esige** che **riporti** delle grosse pietre."

All'improvviso il geografo **si entusiasmò**. Gridò:

"Ma tu vieni da lontano! Tu sei un esploratore! Mi devi parlare del tuo pianeta!"

Il geografo aprì il suo libro e prese la matita. Scriveva sempre prima a matita. Prima di annotare le cose a penna, aspettava che l'esploratore avesse fornito tutte le prove.

"Allora?" disse il geografo.

- ☐ contare 数える
- ☐ andare in giro 動き回る
- ☐ scrivania (f) 机
- ☐ appunti > appunto (m) メモ
- ☐ scoprire 明らかにする
- ☐ o meno ～かどうか
- ☐ mente > mentare うそをつく
- ☐ creare 作る
- ☐ annoterebbe > annotare メモする
- ☐ moralità (f) 道徳観、倫理
- ☐ inchiesta (f) 調査
- ☐ fornire 供する
- ☐ esige > esigere 要求する
- ☐ riporti > riportare 持ち帰る
- ☐ si entusiasmò > entusiasmarsi 熱狂する

"Oh, la mia casa non è molto interessante," disse il piccolo principe. "È molto piccola. Ho tre vulcani. Due sono attivi e uno è spento. Ma non si sa mai."

"Non si sa mai," disse il geografo.

"Ho anche un fiore."

"Non annoto i fiori," disse il geografo.

"Perché? Sono così belli!"

"Perché i fiori sono **effimeri**."

"Che cosa vuol dire <effimero>?"

"I libri di geografia sono i libri più preziosi tra tutti i libri," disse il geografo. "Non passano mai di moda. È molto raro che una montagna cambi di posto. È molto raro che un oceano **si prosciughi**. I geografi scrivono solo di cose **immutabili**."

"Ma un vulcano spento si può risvegliare," disse il piccolo principe. "Che cosa vuol dire <effimero>?"

"Che un vulcano sia spento o attivo è lo stesso per i geografi. Quello che conta per noi è la montagna. La montagna non cambia."

"Ma cosa vuol dire <effimero>?", ripeté il piccolo principe.

Il piccolo principe non rinunciava mai a una domanda una volta che l'aveva **espressa**.

"Vuol dire <qualcosa che non durerà a lungo>."

"Il mio fiore **scomparirà** presto?"

"Esatto."

"Il mio fiore è effimero," si disse il piccolo principe. "Ha solo quattro spine per difendersi dal mondo! E io l'ho lasciato solo."

All'improvviso desiderò non essere partito. Ma si fece coraggio:

"Quale pianeta dovrei visitare?" chiese al geografo.

"Il pianeta Terra," rispose lui. "Si dice che sia un bel pianeta."

E il piccolo principe se ne andò pensando al suo fiore.

- ☐ effimeri > effimero はかない
- ☐ si prosciughi > prosciugarsi 乾く
- ☐ immutabili > immutabile 不変の
- ☐ espressa > esprimere 表す
- ☐ scomparirà > scomparire 消える

Capitolo XVI

Il settimo pianeta che il piccolo principe visitò fu dunque **la Terra.**

La Terra è un pianeta interessante! Ci sono cento e undici re, settemila geografi, novecentomila uomini d'affari, sette milioni e mezzo di ubriaconi e trecentododici milioni di vanitosi. In totale ci sono circa due **miliardi** di adulti.

Per darvi un'idea delle **dimensioni** della Terra, vi dirò che prima dell'**invenzione** dell'elettricità c'erano circa quattrocento sessantaduemila e cinquecento undici lampionai.

Vista dal cielo, la Terra era un'immagine bellissima. Questi lampionai lavoravano **all'unisono** come ballerini su un palco. All'inizio, i lampionai accendevano i lampioni in Nuova Zelanda e in Australia prima di andare a dormire. Dopo di che **entravano in azione** i lampioni di Cina e Siberia. Poi i lampionai di Russia e India. Poi quelli di Africa ed Europa. Poi i lampionai dell'America del Sud e infine quelli dell'America del Nord. E questi lampionai non si sbagliavano mai ad accendere i loro lampioni. La loro danza era perfetta. Bellissima da vedere.

Gli **unici** lampionai con il lavoro più semplice erano i lampionai del Polo Nord e del Polo Sud: lavoravano solo due volte all'anno.

- □ la Terra (f) 地球
- □ miliardi > miliardo 10億
- □ dimensioni > dimensione 大きさ
- □ invenzione (f) 発明
- □ all'unisono そろって
- □ entravano in azione > entrare in azione 行動を開始する
- □ unici > unico 唯一の

Capitolo XVII

Quando voglio essere spiritoso, **a volte** mi **capita di** dire una piccola bugia. Non sono stato **completamente sincero** nel parlare dei lampionai. **Rischio** di **confondere** le persone che non conoscono bene il nostro pianeta. Gli uomini occupano pochissimo spazio sulla Terra. Se i due miliardi di persone che vivono sulla Terra stessero **in piedi** vicini, troverebbero posto facilmente in un'area di venti miglia di **lunghezza** per venti miglia di **larghezza**. Tutti gli abitanti della Terra potrebbero essere **ammucchiati** in un isolotto nell'Oceano Pacifico.

Naturalmente i grandi non vi crederebbero. Pensano di occupare molto spazio. Credono di essere grandi e importanti come i baobab. Ma non **sprecheremo** il nostro tempo a **preoccuparci** di loro. Non ce n'è motivo. Credetemi.

Il piccolo principe, arrivato sulla Terra, fu molto sorpreso di essere solo. Non vide nessuno.

Aveva **timore** di aver sbagliato pianeta. Poi vide qualcosa di dorato muoversi nella **sabbia**.

"Buonasera," disse il piccolo principe.

"Buonasera," disse il **serpente**.

- ☐ a volte ときに
- ☐ capita di > capitare di 〜が起きる
- ☐ completamente 完全に
- ☐ sincero 正直な
- ☐ rischio > rischiare 危険がある
- ☐ confondere 混乱させる
- ☐ in piedi 立って
- ☐ lunghezza (f) 長さ
- ☐ larghezza (f) 幅
- ☐ ammucchiati > ammucchiare 積み重なる
- ☐ sprecheremo > sprecare 浪費する
- ☐ preoccuparci > preoccuparsi 心配する
- ☐ timore (m) 懸念
- ☐ sabbia (f) 砂
- ☐ serpente (m) ヘビ

"Che pianeta è questo?" chiese il piccolo principe.

"Sei sulla Terra, in Africa," rispose il serpente.

"Oh! "Ma non vive nessuno sulla Terra?"

"Questo è il deserto. Nessuno vive nel deserto. La Terra è molto grande," rispose il serpente.

Il piccolo principe si sedette su una pietra. Alzò gli occhi verso il cielo:

"**Mi domando** se le stelle sono illuminate perché **ognuno** possa un giorno trovare la sua", disse. "Guarda il mio pianeta. È proprio sopra di noi... Ma come è lontano!"

"È bello," disse il serpente. "Ma perché sei venuto qui?"

"Ho avuto delle difficoltà con un fiore," disse il piccolo principe

"Ah," disse il serpente.

Nessuno dei due parlò.

"Dove sono gli uomini?" chiese infine il piccolo principe. "Sono solo nel deserto..."

"Si è soli anche tra gli uomini," disse il serpente.

Il piccolo principe guardò il serpente a lungo.

"Sei un animale buffo," disse al serpente. "Sei lungo e **sottile** come un **dito**..."

"Ma sono più potente del dito di un re," disse il serpente.

Il piccolo principe sorrise:

☐ mi domando > domandarsi 自問する
☐ ognuno 各人、誰でも
☐ sottile 薄い
☐ dito (m) 指

"Come puoi essere potente...non hai neppure delle **zampe**...non puoi neppure camminare facilmente."

"Posso trasportarti molto lontano," disse il serpente e si **arrotolò attorno** alla **caviglia** del piccolo principe come un braccialetto d'oro:

"**Colui che tocco** lo **restituisco** alla terra da dove è venuto," disse il serpente. "Ma tu sei puro. E vieni da una stella..."

Il piccolo principe non rispose.

"**Mi fai pena**. Tu sei così **debole** e da solo sulla Terra. Potrò aiutarti un giorno se **rimpiangerai** troppo il tuo pianeta. Posso..."

"Oh! Ho capito benissimo," disse il piccolo principe. "Ma perché parli sempre **per enigmi**?"

"Li **risolvo** tutti," disse il serpente. E rimasero **entrambi** in silenzio.

☐ zampe > zampa (f) 足
☐ arrotolò > arrotolare 巻く
☐ attorno 周りに
☐ caviglia (f) 足首
☐ colui che ～する者
☐ tocco > toccare 触れる
☐ restituisco > restituire 返す
☐ mi fai pena > fare pena ～をかわいそうに思う
☐ debole 弱い
☐ rimpiangerai > rimpiangere 嘆き惜しむ
☐ per enigmi 謎めいた > enigma (m) 謎
☐ risolvo > risolvere 解決する
☐ entrambi (m) 二人とも

Capitolo XVIII

Il piccolo principe **attraversò** il deserto. Incontrò solo un fiore.

Un piccolo fiore, aveva solo tre petali...

"Buongiorno," disse il piccolo principe.

"Buongiorno," disse il fiore.

"Dove sono gli uomini?," domandò il piccolo principe.

☐ attraversò > attraversare 横切る

Un giorno il fiore aveva visto passare dei viaggiatori:

"Uomini? Ne ho visti, credo, sei o sette. Li ho visti molti anni fa. Ma non so dove trovarli. Il vento li **spinge qua e là**. Non hanno **radici**. Il che deve essere molto difficile."

"Addio," disse il piccolo principe.

"Addio," disse il fiore.

Capitolo XIX

Il piccolo principe **scalò** un'alta montagna. Le sole montagne che avesse mai visto erano i tre vulcani che gli arrivavano alle **ginocchia**. E aveva usato il vulcano spento come una sedia.

"Da una montagna alta come questa vedrò tutto il pianeta e tutti gli uomini," si disse. Ma tutto quello che riuscì a vedere furono rocce e altre montagne.

"Buongiorno," gridò.

"Buongiorno... Buongiorno... Buongiorno..." rispose l'eco.

"Chi siete?" chiese il piccolo principe.

"Chi siete... chi siete... chi siete..." rispose l'eco.

"Siate miei amici. Io sono solo," disse.

☐ spinge > spingere 押し動かす
☐ qua e là あちこち
☐ radici > radice (f) 根っこ
☐ scalò > scalare 登る
☐ ginocchia > ginocchio (m) ひざ
☐ eco (f) こだま

"Io sono solo... Io sono solo... Io sono solo..." rispose l'eco.

"Che buffo pianeta," pensò il piccolo principe. "È tutto secco e pieno di montagne. E gli uomini qui non sono molto interessanti. Ripetono ciò che si dice loro. A casa avevo un fiore e parlava sempre per primo..."

Capitolo XX

Dopo molto tempo il piccolo principe trovò una strada. E le strade portavano verso il mondo degli uomini.

"Buongiorno," disse il piccolo principe. Era in un giardino di rose.

"Buongiorno," dissero le rose.

Il piccolo principe le guardò. Assomigliavano al suo fiore.

"Chi siete?", domandò loro stupefatto.

"Siamo delle rose," dissero le rose.

"Oh," disse il piccolo principe.

E si sentì molto infelice. Il suo fiore gli aveva raccontato che era il solo della sua **specie** in tutto l'universo. Ed ecco che ce ne erano cinquemila tutti simili in un solo giardino!

"Se il mio fiore vedesse questo, sarebbe molto **contrariato**," si disse. "Si metterebbe a **tossire** e **fingerebbe** di morire per **sfuggire** al ridicolo. Ed io dovrei **fare finta di** credergli. Altrimenti si lascerebbe veramente morire..."

☆

- □ ciò そのこと
- □ per primo 最初に
- □ verso ～に向かって
- □ specie (f) 種類
- □ contrariato 不機嫌
- □ tossire 咳をする
- □ fingerebbe > fingere ふりをする
- □ sfuggire 逃れる
- □ fare finta di ふりをする

E si disse ancora: "Mi credevo ricco. Credevo di avere un fiore speciale, ma in realtà era solo una **comune** rosa. Come per i miei tre vulcani che sono molto piccoli e uno di essi è spento. Non sono un principe molto importante..." E scoppiò a piangere.

Capitolo XXI

In quel momento apparve la **volpe**.

"Buongiorno," disse la volpe.

"Buongiorno," rispose il piccolo principe. Anche se **si** era **voltato**, non vide nessuno.

"Sono qui," disse una voce da sotto il melo.

"Chi sei?" chiese il piccolo principe. "Sei molto **carino.**"

"Sono una volpe," disse la volpe.

"Vieni a giocare con me," le propose il piccolo principe. "Sono così triste."

"Non posso giocare con te," rispose la volpe. "Non sono **addomesticata.**"

"Oh! Scusa," disse il piccolo principe. Ma dopo averci pensato, soggiunse: "Che cosa vuol dire <addomesticare>?"

☆

- ☐ comune 普通の
- ☐ volpe (f) キツネ
- ☐ si voltato > voltarsi 振り向く
- ☐ carino かわいらしい
- ☐ addomesticata > addomesticare 飼い慣らす、慣れる

"Non sei di queste parti tu," disse la volpe. "Che ci fai tu qui?"

"Cerco gli uomini," disse il piccolo principe. "Che cosa vuol dire <addomesticare>?"

"Gli uomini hanno dei **fucili e cacciano**," disse la volpe. "È molto noioso. **Allevano** anche galline. È il loro solo interesse. Tu cerchi delle galline?"

"No," disse il piccolo principe. "Cerco degli amici. Che cosa vuol dire <addomesticare>?"

"Vuol dire qualcosa che gli uomini hanno dimenticato da molto tempo," disse la volpe. "Addomesticare vuol dire creare dei **legami**. Tu, **fino a ora**, per me non sei che un ragazzino uguale a centomila altri ragazzini. Non ho bisogno di te. E neppure tu hai bisogno di me. Io non sono per te che una volpe uguale a centomila altre volpi. Ma se tu mi addomestichi, noi avremo bisogno l'uno dell'altro. Tu sarai per me unico al mondo. Sarai diverso da tutti quanti gli altri. E io sarò unica al mondo per te..."

"Comincio a capire," disse il piccolo principe. "C'era un fiore... Credo che mi abbia addomesticato..."

"È possibile," disse la volpe. "Molte cose sono possibili sulla Terra."

"Oh! Non è sulla Terra," disse il piccolo principe. La volpe lo guardò interessata.

"Su un altro pianeta?"

"Sì."

"Ci sono **cacciatori** su questo pianeta?"

"No."

"Interessante! E delle galline?"

"No."

"Non c'è niente di perfetto," sospirò la volpe.

☆

- □ fucili > fucile (m) 銃
- □ cacciano > cacciare 狩りをする
- □ allevano > allevare 育てる
- □ legami > legame (m) つながり
- □ fino a ora いままで
- □ cacciatori > cacciatore (m) 猟師

E **ripres**e a parlare. "La mia vita è sempre la stessa. Io do la caccia alle galline e gli uomini danno la caccia a me. Tutte le galline si assomigliano e tutti gli uomini si assomigliano. Perciò io mi annoio. Ma se tu mi addomestichi, la mia vita sarà come illuminata. Correrò a **nascondermi** quando sentirò il suono dei passi degli altri uomini. Ma i tuoi passi avranno per me un suono diverso. Quando sentirò i tuoi passi, mi sembreranno musica. E io verrò fuori ad **accoglierti**. E guarda! Vedi quel **campo di grano** laggiù? Io non mangio il pane e il grano per me è inutile. Il grano non **mi ricorda** nulla. E questo è triste! Ma tu hai dei capelli color dell'oro. Allora sarà meraviglioso quando mi avrai addomesticato! Il grano dorato mi farà pensare a te. E amerò il rumore del vento nel grano..."

La volpe **tacque**. Guardò a lungo il piccolo principe.

Infine disse, "Per favore... addomesticami!"

"**Volentieri**," rispose il piccolo principe. "Ma non ho molto tempo. Ho da scoprire degli amici e da conoscere molte cose."

"Si conoscono solo le cose che si addomesticano," disse la volpe. "Gli uomini non hanno più tempo per conoscere nulla. Comprano nei negozi le cose già fatte. Ma **siccome** non esistono negozi dove comprare amici, gli uomini non hanno più amici. Se tu vuoi un amico, addomesticami!"

"Cosa devo fare?" chiese il piccolo principe.

"Devi essere molto **paziente**," gli disse la volpe. "In principio ti siederai nell'erba, un po' lontano da me. Io ti osserverò con attenzione. E tu non dirai nulla. Le parole sono una **fonte** di **malintesi**. Ma ogni giorno potrai sederti un po' più vicino a me..."

Il piccolo principe ritornò l'indomani.

- ☐ riprese > riprendere 再び始める
- ☐ nascondermi > nascondersi 隠れる
- ☐ accoglierti > accogliere 迎え入れる
- ☐ campo di grano 小麦畑
- ☐ mi ricorda > ricordarsi 思い出す
- ☐ tacque > tacere 黙る
- ☐ volentieri よろこんで
- ☐ siccome ～なので
- ☐ paziente (m) 辛抱強さ
- ☐ fonte (f) 源泉
- ☐ malintesi > malinteso (m) 誤解

"Sarebbe stato meglio se fossi tornato alla stessa ora," disse la volpe. "Se tu vieni sempre tutti i pomeriggi alle quattro, dalle tre io comincerò a sentirmi felice. Più si avvicineranno le quattro, più mi sentirò felice. Alle quattro, sarò **agitato**! Saprò cos'è la felicità! Ma se tu vieni a un'ora diversa ogni giorno, non saprò quando iniziare a prepararmi a essere felice... Dobbiamo avere dei **riti**."

"Che cos'è un rito?" chiese il piccolo principe.

"Anche questo è qualcosa che gli uomini hanno dimenticato da tempo," disse la volpe. "Un rito è quello che fa un giorno diverso dagli altri giorni, un'ora diversa dalle altre ore. Per esempio, i miei cacciatori hanno un rito. Il giovedì ballano con le ragazze del villaggio. Allora il giovedì è un giorno meraviglioso! Io posso andare in giro. Se i cacciatori ballassero sempre, allora ogni giorno assomiglierebbe agli altri e io non avrei mai una vacanza."

E così il piccolo principe addomesticò la volpe. Quando arrivò per il piccolo principe l'ora della partenza, la volpe disse:

"Oh! Piangerò..."

"La colpa è tua," disse il piccolo principe. "Io non volevo farti del male. Ma tu mi hai chiesto di addomesticarti..."

"È vero," disse la volpe.

☐ agitato 興奮した
☐ riti > rito (m) 習慣

"Ma piangerai!"

"Sì, certo."

"Allora cosa ci **guadagni**? Perché lo fai? Qual è il motivo?" chiese il piccolo principe.

"Il motivo è il colore dorato del grano," rispose la volpe. Poi aggiunse:

"Va' a rivedere le rose. Capirai che la tua è unica. Poi torna a salutarmi e ti racconterò un segreto. Sarà il mio regalo per te."

Il piccolo principe se ne andò a rivedere le rose.

"Voi non siete per niente simili alla mia rosa. Voi non siete niente **rispetto a** lei," disse alle rose. "Nessuno vi ha addomesticate e voi non avete addomesticato nessuno. Voi siete come era la mia volpe. Non era che una volpe uguale a centomila altre volpi. Ma l'ho **reso** mio amico ed ora non esiste nessuna come lei al mondo."

E le rose erano a **disagio**.

"Voi siete belle ma siete vuote," disse il piccolo principe. "Nessuno morirebbe per voi. Certamente, una persona qualsiasi crederebbe che la mia rosa **vi rassomigli**. Ma io so che lei è più importante di tutte voi perché è la sola di cui mi sono preso cura. Perché è lei che ho messo sotto una campana. Perché è lei che ho riparato dal freddo. Perché per lei ho ucciso i bruchi (salvo i due o tre che sono diventati farfalle). Perché è lei che mi ha parlato e che è stata in silenzio con me. Perché lei è la mia rosa."

E ritornò dalla volpe.

"Addio," disse il piccolo principe.

"Addio," disse la volpe. "Ecco il mio segreto. È molto semplice: non si vede bene eccetto che con il cuore. L'essenziale è invisibile agli occhi."

"L'essenziale è invisibile agli occhi," ripeté il piccolo principe. Voleva essere sicuro di ricordarselo.

"È il tempo che hai speso per la tua rosa che l'ha resa così importante."

☐ guadagni > guadagnare 得られる
☐ rispetto a ～と比べて
☐ reso > rendere ～にする
☐ disagio 不快 ⇔ agio 居心地がいい
☐ vi rassomigli > rassomigliarsi 相似る

"È il tempo che ho speso per la mia rosa..." ripeté il piccolo principe. Voleva ricordare anche questo.

"Gli uomini hanno dimenticato questa verità," gli disse la volpe. "Ma tu non devi dimenticarla. Tu diventi responsabile per sempre di quello che hai addomesticato. Tu sei responsabile della tua rosa..."

"Io sono responsabile della mia rosa..." ripeté il piccolo principe. Voleva ricordarlo.

Capitolo XXII

"Buongiorno," disse il piccolo principe.

"Buongiorno," disse il controllore.

"Che cosa fai qui?" gli domandò il piccolo principe.

"**Smisto** i viaggiatori. Smisto i viaggiatori a **mazzi** di mille," disse il controllore. "**Spedisco** i treni che li trasportano. Alcuni treni vanno a destra. Altri vanno a sinistra."

E poi un treno illuminato passò **sfrecciando**, **rombando** come un tuono. Fece tremare la cabina del controllore.

"Hanno tutti fretta," disse il piccolo principe. "Che cosa cercano?"

"Lo stesso uomo che guida il treno lo ignora," disse il controllore.

E un secondo treno sfrecciò nel **senso** opposto.

"Ritornano di già?" chiese il piccolo principe.

"Non sono gli stessi," disse il controllore. "È uno **scambio**."

"Non erano contenti là dove stavano?"

- ☐ smisto > smistare 選別する
- ☐ mazzi > mazzo (m) 束
- ☐ spedisco > spedire 送る
- ☐ sfrecciando > sfrecciare 疾走する
- ☐ rombando > rombare とどろく
- ☐ senso (m) 方向
- ☐ scambio (m) 入れ換え

"Le persone non sono mai contente dove stanno," rispose il controllore.

E un terzo treno.

"**Inseguono** il primo gruppo di viaggiatori?" domandò il piccolo principe.

"Non inseguono nulla," disse il controllore. "Dormono nel treno, o sbadigliano. Solo i bambini **schiacciano** il naso contro i finestrini."

"Solo i bambini sanno quello che cercano," disse il piccolo principe. "Perdono tempo a prendersi cura di una bambola, e la bambola diventa importante per loro. Se qualcuno gliela **toglie**, piangono..."

"**Beati** loro," disse il controllore.

Capitolo XXIII

"Buongiorno," disse il piccolo principe.

"Buongiorno," disse il mercante.

Il **mercante** vendeva **pillole** speciali. Le pillole calmavano la sete delle persone. Se ne inghiottiva una a settimana, e non si sentiva più il bisogno di un bicchiere d'acqua.

"Perché vendi queste pillole?" gli chiese il piccolo principe.

"Si **risparmia** molto tempo," disse il mercante. "Gli **esperti** hanno fatto dei **calcoli**. Queste pillole fanno risparmiare cinquantatré minuti alla settimana."

☐ inseguono > inseguire 追う
☐ schiacciano > schiacciare 押しつける
☐ toglie > togliere 取り去る
☐ beati > beato 幸多き
☐ mercante (m) 商人
☐ pillole > pillola (f) 錠剤
☐ risparmia > risparmiare 節約する
☐ esperti > esperto (m) 専門家
☐ calcoli > calcolo (m) 計算

"E cosa se ne fanno le persone di questi cinquantatré minuti?"

"Se ne fanno quello che vogliono..."

Il piccolo principe si disse: "Se io avessi cinquantatré minuti, camminerei lentamente verso una fontana di acqua fresca."

Capitolo XXIV

Erano passati otto giorni dal mio incidente con l'aeroplano. Mentre ascoltavo il piccolo principe raccontare la storia del mercante, ho bevuto l'ultima goccia d'acqua che avevo.

"Ah!" Dissi al piccolo principe. "I tuoi ricordi sono molto interessanti ma io non ho ancora riparato il mio aeroplano. E non ho più acqua da bere. Sarei molto felice se potessi camminare lentamente verso una fontana di acqua fresca!"

"Il mio amico la volpe mi disse..."

"Ma caro il mio piccolo amico, questo non ha niente a che fare con una volpe!"

"Perché?"

"Perché moriremo di sete..."

Non capì. E disse, "Fa bene avere avuto un amico anche se poi si muore. Sono molto contento di avere avuto una volpe come amico..."

"Non capisce il pericolo," dissi a me stesso. "Non ha mai né fame né sete. Gli basta un po' di sole..."

Ma mi guardò e rispose ai miei pensieri.

"Anche io ho sete... Andiamo a cercare un pozzo di acqua fresca..."

Mi sentivo stanco. Pensai fosse **sciocco** cercare un **pozzo** nel deserto. Il deserto era così immenso. Non sapevamo dove cercare. Tuttavia ci incamminammo.

Camminammo per ore senza **proferir** parola. Venne la notte e **comparvero** le stelle. Per la sete non mi sentivo molto bene. Tutto mi sembrava un sogno. Le parole del piccolo principe danzavano nella mia testa.

"Hai sete anche tu?" Gli chiesi.

Ma non mi rispose. Disse semplicemente:

"Un po' d'acqua può far bene anche al cuore..."

Non capii la sua risposta. Non gli chiesi cosa volesse dire... Sapevo che non ce ne era bisogno.

Era stanco e si sedette. Mi sedetti **accanto a** lui. Dopo un po' lui disse:

"Le stelle sono belle. Sono belle perché da qualche parte c'è un fiore che non riesco a vedere da qui..."

"Sì", dissi e guardai la sabbia sotto la luna.

"Il deserto è bello," osservò il piccolo principe.

Ed era vero. Mi è sempre piaciuto il deserto. Nel deserto ci si siede sulla sabbia. Non si vede nulla. Non si sente nulla. Eppure qualcosa **risplende** in silenzio...

"Il deserto è bello," disse il piccolo principe, "perché un pozzo è **nascosto** da qualche parte."

All'improvviso capii perché il deserto era bello. Quando ero piccolo, abitavo in una casa antica. Le persone avevano sempre creduto che quella casa nascondesse un **tesoro**. Naturalmente nessuno l'ha mai trovato. Forse nessuno l'ha mai realmente cercato. Ma la storia del tesoro **riempiva** la casa e la rendeva bella. La mia casa nascondeva un segreto nel fondo del suo cuore...

"Sì", dissi al piccolo principe. "Non importa che sia una casa, le stelle o il deserto, ciò che le rende belle è invisibile agli occhi!"

☆

- □ sciocco ばかげている
- □ pozzo (m) 井戸
- □ proferir > proferire 口に出す
- □ comparvero > comparire 現れる
- □ accanto a 隣に
- □ risplende > risplendere 光り輝く
- □ nascosto >nascondere 隠す
- □ tesoro (m) 宝
- □ riempiva > riempire いっぱいにする

"Sono contento che tu sia **d'accordo** con la mia volpe," disse. Il piccolo principe incominciava ad addormentarsi. Lo presi tra le braccia e mi rimisi in cammino. Ero **commosso.** Mi sembrava di portare un fragile tesoro. Mi sembrava che non ci fosse niente di più fragile sulla Terra. Alla luce della luna guardavo quella fronte **pallida**, quegli occhi chiusi, quelle **ciocche** di capelli che si muovevano al vento. E dissi a me stesso: "Quello che vedo è solo la **scorza.** La parte più importante è invisibile..."

Nel guardare le sue **labbra semiaperte** che **abbozzavano un sorriso** mentre dormiva, dissi a me stesso: "La cosa che mi riempie il cuore è il vero amore del piccolo principe per il suo fiore. Il suo amore risplende dall'interno come la luce di una lampada. E risplende anche quando dorme..." E lo pensavo ancora più fragile. Quella luce deve essere protetta: **un colpo di** vento la può spegnere...

Al **levar del sole** trovai il pozzo.

Capitolo XXV

"Gli uomini **si ficcano** sui treni," disse il piccolo principe. "Ma non sanno cosa cercano. Allora si arrabbiano. E **girano in tondo**..."

E aggiunse:

"Non c'è motivo per farlo..."

Il pozzo che avevamo trovato non assomigliava ai pozzi del Sahara. **La maggior parte dei** pozzi nei deserti sono semplici buchi **scavati** nella sabbia. Questo assomigliava a un pozzo di villaggio. Ma non c'era alcun villaggio intorno. E mi sembrava di sognare.

☐ d'accordo 同意見で
☐ commosso 心動かされる
☐ pallida 青白い
☐ ciocche > ciocca (f) ふさ
☐ scorza (f) 皮、外見
☐ labbra > labbro (m) くちびる
☐ semiaperte > semiaperto 半開き
☐ abbozzavano un sorriso > abbozzare un sorriso 微笑を浮かべる
☐ un colpo di ~ 一息で
☐ levar del sole 日の出
☐ si ficcano > ficcarsi 入り込む
☐ girano in tondo > girare in tondo ぐるぐる回る
☐ la maggior parte dei > la maggior parte di ~ 大半の
☐ scavati > scavare 掘る

"È strano," dissi al piccolo principe. "È tutto pronto: la carrucola, il secchio e la corda..."

Rise e sollevò la corda. Iniziò a far muovere la carrucola. La carrucola **gemette** come una vecchia banderuola dopo che il vento ha dormito a lungo.

"Senti?" disse il piccolo principe. "Noi svegliamo questo pozzo e lui canta..."

Non volevo che facesse tutto il lavoro da solo.

"Lasciami fare," gli dissi. "È troppo **pesante** per te."

Issai lentamente il secchio. Lo **misi in equilibrio** sul pozzo. Riuscivo a sentire ancora il canto della carrucola nelle mie orecchie. Riuscivo a vedere il sole che **tremava** nell'acqua.

"Ho sete di quest'acqua," disse il piccolo principe. "Dammi da bere..."

E capii quello che stava cercando!

Sollevai il secchio alle sue labbra. Bevette con gli occhi chiusi. L'acqua era dolce. Bere era come una festa. Quest'acqua era più di una semplice bevanda. Era dolce perché era nata dalla **marcia** sotto le stelle, dal canto della carrucola e dallo

☐ gemette > gemere うめく
☐ pesante 重い
☐ issai > issare 引き上げる
☐ misi in equilibrio > mettere in equilibrio バランスを取る
☐ tremava > tremare 震える
☐ marcia (f) 行進

sforzo delle mie braccia. Faceva bene al cuore. Come un **dono**. Mi venne a **mente** quando ero piccolo, a Natale, e le luci dell'**albero di Natale** e la musica della messa di mezzanotte creavano quella gioia che per me rappresentava il mio regalo di Natale.

Il piccolo principe disse, "Gli uomini su questo pianeta **coltivano** cinquemila rose in un unico giardino...e non trovano quello che cercano..."

"Non lo trovano," risposi.

"E tuttavia quello che cercano potrebbe essere trovato in una sola rosa o in un po' d'acqua..."

"Certo," risposi.

"Ma gli occhi non riescono a vedere. Dobbiamo cercare con il cuore."

Avevo bevuto dell'acqua. Mi sentivo meglio. Al levare del sole, la sabbia del deserto era colore del miele. Ero felice di guardare quella sabbia. Perché, quindi, mi sentivo **angustiato**?

"Devi **mantenere** la tua promessa," mi disse il piccolo principe dolcemente. Si era seduto di nuovo vicino a me.

"Quale promessa?"

"Sai... una **museruola** per la pecora... Sono responsabile di quel fiore."

Tirai fuori dalla tasca i miei disegni. Il piccolo principe li vide e disse ridendo:

"I tuoi baobab assomigliano a dei cavoli..."

"Oh!" Io ero così fiero dei miei baobab!

"E la tua volpe... le sue orecchie... assomigliano un po' a delle corna... e sono troppo lunghe!"

E rise ancora. Gli dissi:

"Sei **ingiusto**, mio piccolo amico. Non sapevo disegnare altro che boa dal di dentro e dal di fuori."

"Oh! Andrà bene," disse. "I bambini capiranno."

Disegnai una museruola per la sua pecora. Ma il mio cuore era triste.

☆

- □ sforzo (m) 努力
- □ dono (m) 贈り物
- □ mente (f) 記憶
- □ albero di Natale クリスマスツリー
- □ coltivano > coltivare 栽培する
- □ angustiato 気がかりな
- □ mantenere 守る
- □ museruola (f) 口輪
- □ ingiusto 不公平

Gli dissi: "Hai dei **progetti** che non hai **condiviso** con me..."

Ma lui non rispose. Mi disse:

"Domani, sai, sarà un anno da quando sono caduto sulla Terra..."

Poi, dopo un po', disse:

"Il posto dove sono caduto è qui vicino..." E arrossì.

Di nuovo, senza capire il perché, mi sentii **stranamente** triste. Gli chiesi:

"Allora non è per caso che, il mattino in cui ti ho conosciuto, passeggiavi nel deserto? Ritornavi verso il posto dove sei caduto?"

Il viso del piccolo principe era diventato **rosato**. Stava ancora arrossendo. Aggiunsi:

"Forse stavi ritornando perché è un anno da quando sei caduto sulla Terra?"

Non rispondeva mai alle mie domande. Ma quando si arrossisce, vuol dire "sì", non è vero?

"Oh!" dissi. "Ho paura..."

Ma mi rispose:

"Ora devi andare. Torna a lavorare sul tuo aeroplano. Ti aspetto qui. Torna domani sera..."

Ma non mi sentii meglio. Mi ricordavo della volpe. Se ci si è lasciati addomesticare il rischio è di **rattristarsi**...

Capitolo XXVI

A **Di fianco al** pozzo c'era un vecchio **muro** di pietra. Quando ritornai la sera successiva, vidi il mio piccolo principe seduto sul muro. Lo **udii** dire:

"Non ti ricordi? Non era proprio qui!"

Qualcun altro gli rispondeva perché lui **replicò**:

- ☐ progetti > progetto (m) 計画、考え
- ☐ condiviso > condividere 共有する
- ☐ stranamente 奇妙にも
- ☐ rosato > rosare バラ色になる
- ☐ rattristarsi 悲嘆にくれる
- ☐ di fianco a 〜のかたわらに
- ☐ muro (m) 壁
- ☐ udii > udire 聞こえる
- ☐ replicò > replicare 返事する

"Oh, sì, sì! Oggi è il giorno, ma non è questo il luogo..."

Continuai a camminare verso il muro. Non vedevo né udivo nessuno **tranne** il piccolo principe. Il piccolo principe replicò di nuovo:

"... Sicuro. Vedrai le mie **tracce** nella sabbia. Non devi fare altro che aspettarmi. Sarò là questa notte."

Ero a venti piedi dal muro. E non vedevo ancora nessuno.

Dopo un po', il piccolo principe disse:

"Hai del buon **veleno**? Sei sicuro di non farmi soffrire troppo tempo?"

Mi arrestai. Il cuore **stretto** ma ancora non capivo.

"Ora vattene," lui disse. "Voglio scendere da questo muro."

Allora guardai ai piedi del muro. E balzai in piedi in preda a uno shock.

Là, drizzato verso il piccolo principe, c'era uno di quei serpenti gialli che ti **uccidono** in trenta secondi. Presi la pistola e mi misi a correre verso il muro. Ma sentendo il rumore, il serpente si

lasciò **scivolare** dolcemente nella sabbia e **scomparve** tra le pietre.

Arrivai al muro e presi tra le braccia il piccolo principe. Il suo volto era pallido come la neve.

☐ tranne 〜以外
☐ tracce > traccia (f) 足跡
☐ veleno (m) 毒
☐ mi arrestai > arrestarsi 止まる
☐ stretto 締めつけられる
☐ uccidono > uccidere 殺す
☐ scivolare すべる
☐ scomparve > scomparire 姿を消す

"Che sta succedendo qui? Perché parli con i serpenti?"

Gli **slegai** la **sciarpa**. Gli asciugai la fronte. Gli feci bere un po' d'acqua. Ma non **osavo** fargli altre domande. Mi guardò. Poi mi mise le braccia al collo. Sentivo il suo cuore **battere**. Sembrava il cuore di un uccello che muore quando gli hanno **sparato**.

Disse:

"Sono contento che tu sia riuscito a riparare il tuo aeroplano. Adesso puoi ritornare a casa..."

"Come lo sai?" Gridai. Stavo appunto per dirgli che finalmente avevo riparato il mio aeroplano!

Non mi rispose ma disse:

"Anche io oggi torno a casa..."

Poi aggiunse **malinconicamente**, "È molto più lontano... è molto più difficile..."

Sentivo che stava per **accadere** qualcosa di **straordinario**. Stringevo il piccolo principe tra le braccia. Eppure, sembrava stesse scivolando via, senza che io potessi fare nulla per trattenerlo.

I suoi occhi erano tristi. Sembrava fosse perso nei suoi pensieri, lontano.

Disse, "Ho la tua pecora. E ho la scatola per la pecora. E la museruola..."

Sorrise con malinconia.

Attesi a lungo. Mi sembrava che stesse meglio. Dissi:

"Mio piccolo amico, hai avuto paura..."

Aveva avuto sicuramente paura! Ma rise con dolcezza e disse, "Avrò ben più paura questa sera..."

Mi sentii **raggelare** di nuovo. E capii quanto sarei stato male a non sentire più quella risata. Per me quella risata era come una fontana di acqua fresca nel deserto.

"Mio piccolo amico, voglio ancora sentirti ridere..."

Ma mi disse:

☆

- ☐ slegai > slegare ゆるめる
- ☐ sciarpa (f) えり巻き
- ☐ osavo > osare あえて～する
- ☐ battere 脈打つ
- ☐ sparato > sparare 撃たれる
- ☐ malinconicamente 悲しげに
- ☐ accadere 起こる
- ☐ straordinario 異常な
- ☐ raggelare 凍る

"Stanotte sarà un anno da quando sono arrivato qui. La mia stella sarà proprio sopra il luogo dove sono caduto l'anno scorso..."

"Mio piccolo amico, dimmi che questa storia del serpente e della stella è solo un brutto sogno."

Ma lui non mi rispose. E mi disse:

"L'essenziale è invisibile agli occhi..."

"Certo..."

"È come per il fiore. Se tu vuoi bene a un fiore che vive su una stella, ti rende felice guardare il cielo di notte. Tutte le stelle sembrano fiori."

"Certo..."

"È come per l'acqua. L'acqua che mi hai dato da bere era come musica. La carrucola e la corda cantavano... Ti ricordi... era bello."

"Certo..."

"Guarderai le stelle, la notte. La mia stella, la mia casa, è troppo piccola perché possa mostrartela. Meglio così. La mia stella sarà semplicemente una delle stelle per te. E così ti piacerà guardare tutte le stelle. Tutte saranno tue amiche. E poi ti voglio fare un regalo..." E rise ancora.

"Ah! Mio piccolo amico, ometto mio, mi piace sentirti ridere!"

"Questo sarà il mio regalo... sarà come l'acqua."

"Che cosa vuoi dire?"

"A seconda degli uomini, le stelle hanno un significato diverso. Per i viaggiatori, le stelle li guidano. Per gli altri, non sono che delle piccole luci nel cielo. Per altri che sono dei **sapienti**, le stelle sono cose a cui pensare. Per il mio uomo d'affari, erano come l'oro. Ma tutte queste stelle stanno **zitte**. Tu, tu avrai delle stelle come nessun altro..."

"Che cosa vuoi dire?"

"Guarderai il cielo la notte... E visto che io abiterò su una di quelle stelle, visto che io riderò su una di quelle stelle, sentirai tutte le stelle ridere. Tu solo avrai delle stelle che ridono!"

☐ sapienti > sapiente (m/f) 学者
☐ zitte > zitto 静か

E rise ancora.

"E quando ti sarai consolato (ci si consola sempre dopo un po'), sarai contento di avermi conosciuto. Sarai sempre il mio amico. Avrai voglia di ridere con me. E una volta ogni tanto aprirai la finestra... e tutti i tuoi amici saranno sorpresi di vederti ridere quando guardi il cielo. E allora tu gli dirai: "Sì, le stelle mi fanno sempre ridere!". E ti crederanno **pazzo**. Ti avrò messo in una strana situazione..."

E rise ancora.

"Sarà come se ti avessi dato, invece delle stelle, **mucchi** di **sonagli** che ridono..."

E rise ancora. Poi divenne serio. Disse, "Questa notte, sai, non venire."

Gli dissi, "Non ti lascerò."

"Sembrerà che mi senta male... Sembrerà un po' che io muoia. È così. Non venire a vedere... non **ne vale la pena**."

"Non ti lascerò."

Ma ero preoccupato.

"Ti dico questo," lui disse, "anche per il serpente. Non voglio che ti **morda**. I serpenti sono cattivi. I serpenti possono mordere per il piacere di...”

“Non ti lascerò.”

Ma qualcosa lo **rassicurò**: “È vero che i serpenti hanno il veleno solo per un morso...”

Quella notte non lo vidi partire. Scomparve senza far rumore. Quando alla fine lo trovai, camminava veloce. Disse solamente:

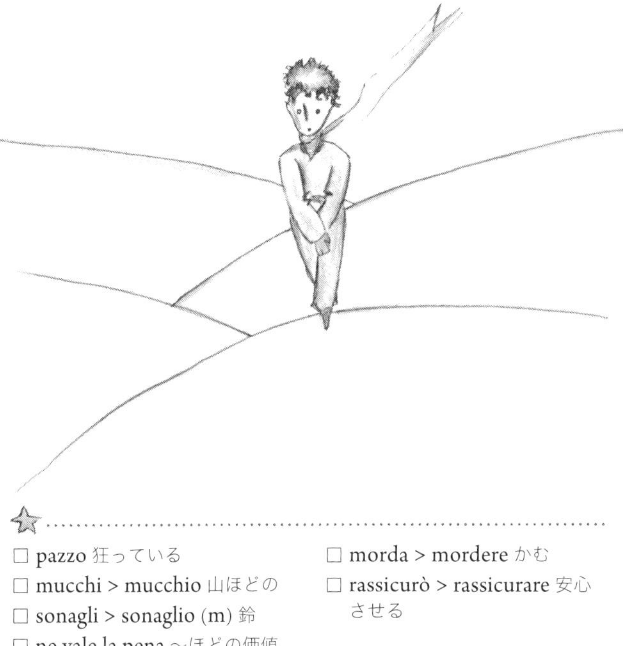

☐ pazzo 狂っている
☐ mucchi > mucchio 山ほどの
☐ sonagli > sonaglio (m) 鈴
☐ ne vale la pena 〜ほどの価値もない
☐ morda > mordere かむ
☐ rassicurò > rassicurare 安心させる

"Oh! Sei qui..."

E mi prese per mano. Ma era ancora preoccupato:

"Hai sbagliato a venire. Avrai dispiacere. Sembrerà che sia morto ma non sarà vero..."

Non dissi nulla.

"Capisci? La mia casa è troppo lontana. Non posso portarmi dietro il mio corpo. È troppo pesante."

Non dissi nulla.

"Ma questo corpo sarà come una vecchia scorza, come la **corteccia** di un vecchio albero. Non è triste..."

Non dissi nulla.

Era triste, ma cercò di essere **allegro**:

"Sarà bello, sai. Proprio come te, anche io guarderò le stelle. Tutte le stelle saranno dei pozzi di acqua fresca, con una carrucola **arrugginita**. Ed io berrò da tutte le stelle..."

Non dissi nulla.

"Sarà talmente bello! Tu avrai cinquecento milioni di sonagli, e io avrò cinquecento milioni di pozzi..."

E tacque. Piangeva...

"Questo è il posto. Lasciami andare da solo."

Si sedette perché aveva paura. E disse ancora:

"Sai... il mio fiore... Ne sono responsabile! Ed è così fragile! E ingenuo. Ha solo quattro spine per difendersi dal mondo..."

Mi sedetti perché non potevo più stare in piedi. Disse:

"Sai... È tutto qui..."

☐ corteccia (f) 樹皮
☐ allegro 朗らか
☐ arrugginita > arrugginire さびる

Il piccolo principe si fermò un attimo. Poi si alzò. Fece un passo. Io non potevo muovermi.

Ci fu solo un **guizzo** giallo vicino alla sua **caviglia**. Rimase immobile per un istante. Non gridò. Cadde dolcemente come cade un albero. Non fece neanche rumore, perché cadde sulla sabbia.

Capitolo XXVII

Ed ora, certo, sono già passati sei anni... Non ho mai raccontato questa storia prima. Gli amici erano molto contenti di **rivedermi** vivo. Ero triste ma dicevo: "È la stanchezza..."

In questi giorni mi sento un po' meglio. **Cioè**... non del tutto. Ma so che il piccolo principe è ritornato sul suo pianeta. Lo so perché la mattina **seguente** non ho trovato il suo corpo. E il suo corpo non era molto grande... E adesso, di notte, mi piace ascoltare le stelle. Sono come cinquecento milioni di sonagli...

Ma ecco che accade una cosa straordinaria. Ho disegnato la museruola per il piccolo principe, ma ho dimenticato di disegnare la **correggia**!

☐ guizzo (m) ゆらめき
☐ caviglia (f) 足首
☐ rivedermi > rivedersi 再会する
☐ cioè つまり
☐ seguente 次の
☐ correggia (f) 革ひも

Non avrà mai potuto mettere la museruola alla pecora. Allora mi domando: "Che cosa sarà successo sul suo pianeta? Forse la pecora ha mangiato il fiore..."

A volte mi dico, "Certamente no! Il piccolo principe mette il suo fiore tutte le notti sotto la campana. E **sorveglia** bene la sua pecora..." Allora mi sento meglio. E sento tutte le stelle ridere dolcemente. Altre volte mi dico, "Una volta o l'altra si sarà distratto. Basta solo una volta! Forse ha dimenticato una volta la campana per il suo fiore, oppure la pecora è uscita dalla scatola una notte..." Allora i sonagli si trasformano in lacrime!

È un grande mistero. Per quelli di noi che vogliono bene al piccolo principe, l'intero universo cambia se in qualche luogo, in qualche modo, una pecora che non conosciamo ha o meno mangiato un fiore...

Guardate il cielo e domandatevi: "La pecora ha mangiato o non ha mangiato il fiore?" E vedrete come le cose cambiano...

Ma i grandi non capiranno mai perché è importante!

Per me questo è il posto più bello e triste al mondo. È lo stesso posto che ho disegnato nella pagina precedente. L'ho disegnato una seconda volta perché lo vediate bene. Questo è il posto in cui il piccolo principe è arrivato sulla Terra ed è poi sparito. Guardate attentamente questo posto per essere sicuri di riconoscerlo, se un giorno farete un viaggio in Africa, nel deserto. E se vi capita di passare in questo posto, non affrettatevi. Fermatevi un momento sotto le stelle! E se allora un bambino vi verrà incontro, e se riderà, e se avrà i capelli d'oro, se non risponderà quando lo interrogherete, saprete chi è. Ebbene, siate gentili con me! Non lasciatemi triste: scrivetemi subito per dirmi che è ritornato...

FINE

□ sorveglia > sorvegliare 監督する

Glossario

a

☐ abbandonato > abbandonare 置きざりにする *55*
☐ abbastanza 十分な *67*
☐ abbozzavano un sorriso > abbozzare un sorriso 微笑を浮かべる *115*
☐ accadere 起こる *125*
☐ accanto a 隣に *113*
☐ acclamano > acclamare 喝采を送る *61*
☐ accoglierti > accogliere 迎え入れる *101*
☐ addizioni > addizione 足し算 *39*
☐ addomesticata > addomesticare 飼い慣らす、慣れる *97*
☐ aerei > aereo (m) = aeroplano 飛行機 *11*
☐ affari > affare (m) 実業 *65*
☐ agitato 興奮した *103*
☐ albero di Natale クリスマスツリー *119*
☐ alla leggera 軽々しく *27*
☐ allegro 朗らか *131*
☐ allevano > allevare 育てる *99*
☐ all'improvviso 不意に *29*
☐ all'unisono そろって *85*
☐ al meno 少なくとも *73*
☐ altrettanto 同様に *35*
☐ altrimenti さもなければ *51*
☐ ambasciatore (m) 大使 *59*
☐ a mezza bocca あいまいに *15*
☐ ammalato > ammalare 病気になる *67*
☐ ammiratore (m) 賛美者 *61*
☐ ammirazione (f) 賛美 *43*
☐ ammirò > ammirare 感嘆する *75*
☐ ammucchiati > ammucchiare 積み重なる *87*
☐ anche se たとえ〜でも *29*
☐ andare in giro 動き回る *81*
☐ angustiato 気がかりな *119*
☐ animato > animare 突き動かされる *35*
☐ annoiarsi 退屈する *57*
☐ annoterebbe > annotare メモする *81*
☐ annusato > annusare 香りをかぐ *39*
☐ api > ape (f) ミツバチ *67*
☐ apparire 現れる *43*
☐ appresi > apprendere 知る *29*
☐ appresso 次の *63*
☐ appunti > appunto (m) メモ *81*
☐ arbusti > arbusto (m) 低木、茂み *29*
☐ ariete (m) 雄羊 *17*
☐ arrossì > arrossire 赤面する *41*
☐ arrotolò > arrotolare 巻く *90*
☐ arrugginita > arrugginire さびる *131*
☐ artigli > artiglio かぎ爪 *45*
☐ asciugò > asciugare 拭く *73*
☐ a seguire 続けて *31*
☐ assistere 立ち会う *35*
☐ assolutamente まったく *15*
☐ assoluto 完全な *55*
☐ assomiglia > assomigliare 似ている *27*
☐ assurda ばかげている *73*
☐ atti > atto (m) 行為 *47*
☐ attorno 周りに *90*
☐ attraversò > attraversare 横切る *91*
☐ attraverso 〜を通じて *19*
☐ attraverso 通り抜けて *31*
☐ a un tratto 突然 *41*
☐ autorità (f) 権威 *57*
☐ a volte ときに *87*
☐ avvicinati > avvicinare 近寄る *53*

b

☐ balzato > balzare 飛び上がる *15*
☐ bastano > bastare 足りる *7*
☐ basterebbe > bastare 足りる *35*
☐ battere 脈打つ *125*
☐ batti > battere たたく *61*
☐ beati > beato 幸多き *109*
☐ beh では、じゃあ *31*
☐ braccia > braccio (m) 腕 *41*
☐ branco (m) 群れ *29*
☐ bruciano > bruciare 燃える *49*
☐ bruciapelo だしぬけに *37*
☐ bruscamente 無作法に *21*
☐ buffo おかしい、こっけいな *19*
☐ bugia (f) 嘘 *45*

c

☐ cacciano > cacciare 狩りをする *99*
☐ cacciatori > cacciatore (m) 猟師 *99*
☐ caduto > cadere 落ちる、倒れる *19*
☐ calcoli > calcolo (m) 計算 *109*
☐ campana (f) 釣り鐘型のふた *45*
☐ campo di grano 小麦畑 *101*
☐ capita di > capitare di ～が起きる *87*
☐ capolavoro (m) 傑作 *9*
☐ cappello (m) 帽子 *9*
☐ carino かわいらしい *97*
☐ cattive > cattivo 悪い *31*
☐ caviglia (f) 足首 *90, 133*
☐ chissà わからない *67*
☐ ci beffe > beffarsi あざ笑う *27*
☐ cifre > cifra (f) 数字 *27*
☐ ciocche > ciocca (f) ふさ *115*
☐ cioè つまり *133*
☐ ciò そのこと *95*
☐ ci volle > volerci 必要とする *19*
☐ collera (f) 怒り *39*
☐ coltivano > coltivare 栽培する *119*
☐ colui che ～する者 *90*
☐ commosso 心動かされる *115*
☐ comparvero > comparire 現れる *113*
☐ compiangerlo > compiangere 同情する *65*
☐ complessi > complesso ややこしい *47*
☐ completamente 完全に *87*
☐ completo (m) そろいの服、スーツ *25*
☐ comporta > comportare もたらす *33*
☐ comune 普通の *97*
☐ con cura 気をつけて *43*
☐ condannerai > condannare 有罪にする *59*
☐ condiviso > condividere 共有する *121*
☐ con fermezza きぜんと *57*
☐ confondere 混乱させる *87*
☐ consegna (f) 命令 *73*
☐ conseguenza (f) 結果 *31*
☐ consentirei > consentire 認める *55*
☐ consigliato > consigliare 勧める *11*
☐ consolato > consolare 慰められる *7*
☐ consultò > consultare 参照する *57*
☐ contare 数える *81*
☐ contrariato 不機嫌 *95*
☐ (con) un'occhiata 一目で *11*
☐ corna (m) 角 *17*
☐ correggia (f) 革ひも *133*
☐ correnti > corrente (f) 流れ *45*
☐ corteccia (f) 樹皮 *131*
☐ cose > cosa (f) ものごと *11*
☐ creare 作る *81*

☐ cremisi 深紅 *39*
☐ crescerà > crescere 成長する *31*

d

☐ d'accordo 同意見で *115*
☐ da soli > da solo 自力で *11*
☐ davvero 本当に *11*
☐ debole 弱い *90*
☐ dedica (f) 献辞 *7*
☐ dedicarmi > dedicarsi 打ち込む *11*
☐ dedicherò > dedicare 献じる *7*
☐ deluso がっかりした、失望した *79*
☐ di anno in anno 年々 *75*
☐ diedero retta > dare retta 耳を傾ける *25*
☐ diede un'occhiata > dare un'occhiata 一瞥する *79*
☐ di fianco a 〜のかたわらに *121*
☐ dimensioni > dimensione 大きさ *85*
☐ diritto (m) 権利 *57*
☐ disagio 不快 ⇔ agio 居心地がいい *105*
☐ disegnato > disegnare スケッチする *9*
☐ disegno (m) デッサン *9*
☐ disobbedienza (f) 不服従 *55*
☐ disprezzato > disprezzare 軽べつする *77*
☐ dissuaso > dissuadere 思いとどまらせる *15*
☐ distinguere 見分ける *11*
☐ distruggeranno > distruggere 破壊する *31*
☐ dito (m) 指 *89*
☐ diventare 〜になる *11*
☐ divertente 面白い *71*
☐ dolore (m) 苦しみ *27*
☐ dono (m) 贈り物 *119*
☐ dubbi > dubbio (m) 疑い *27*
☐ dubitare 疑う *47*
☐ dunque それでは、したがって *65*
☐ durata > durare 持つ *13*
☐ durerà > durare 持続する *77*

e

☐ ebbene それで *75*
☐ eccetto 〜以外は *35*
☐ eccezione (f) 例外 *33*
☐ eco (f) こだま *93*
☐ effimeri > effimero はかない *83*
☐ entrambi (m) 二人とも *90*
☐ entravano in azione > entrare in azione 行動を開始する *85*
☐ eppure それでも、にもかかわらず *41*
☐ erba (f) 草 *17*
☐ esagerare 度を越す *59*
☐ esclameranno > esclamare 感心して叫ぶ *25*
☐ esige > esigere 要求する *81*
☐ esigerò > esigere 要請する *57*
☐ esistito > esistere 実在する *25*
☐ esperti > esperto (m) 専門家 *109*
☐ esploratore (m) 冒険家 *79*
☐ espressa > esprimere 表す *83*
☐ estirparlo > estirpare 根こそぎにする *31*

f

☐ fantasticare 夢想する *69*
☐ fare finta di ふりをする *95*
☐ fazzoletto (m) ハンカチ、スカーフ *71*
☐ fedele 忠実な *75*
☐ fidato > fidare 信じる *47*
☐ fiero di 〜が自慢の *57*
☐ fiero 誇らしい *19*
☐ finché 〜するまで *31*
☐ finché 〜まで *77*
☐ fingerebbe > fingere ふりをする *95*

- □ fino a ora いままで *99*
- □ fino a quando ～するまで *13*
- □ fissava > fissare みつめる *15*
- □ fonte (f) 源泉 *101*
- □ fornire 供する *81*
- □ frenare 抑える *43*
- □ fronte (f) 額、顔 *73*
- □ fucili > fucile (m) 銃 *99*
- □ fungo (m) キノコ *39*

g

- □ gemette > gemere うめく *117*
- □ geografo (m) 地理学者 *79*
- □ gettarsi 身を投げる *57*
- □ ginocchia > ginocchio (m) ひざ *93*
- □ giochetti > giochetto (m) お遊び *67*
- □ girano in tondo > girare in tondo ぐるぐる回る *115*
- □ giudicare 裁く *57*
- □ giustificava > giustificare 正当化する *33*
- □ godere 楽しむ *35*
- □ gonfia > gonfio 膨れた *39*
- □ governare 治める *57*
- □ gradevole 好ましい *11*
- □ grazierai > graziare 恩赦にする *59*
- □ gridò > gridare 叫ぶ *19*
- □ guadagnano > guadagnare 稼ぐ *25*
- □ guadagni > guadagnare 得られる *105*
- □ guasto (m) 故障 *13*
- □ guizzo (m) ゆらめき *133*

i

- □ immerse > immergere 浸す、つかる *63*
- □ immutabili > immutabile 不変の *83*
- □ imparato > imparare 習得する *11*
- □ imposte > impostare 定める *25*
- □ inchiesta (f) 調査 *81*
- □ in contemplazione じっと見つめる *21*
- □ indossando > indossare 身に着ける *25*
- □ indugiare ぐずぐずする *51*
- □ indulgenti > indulgente 寛大な *27*
- □ in fretta 急いで *75*
- □ ingenui > ingenuo 純真 *39*
- □ inghiottire 飲み込む *9*
- □ ingiusto 不公平 *119*
- □ ingombra > ingombrare ふさぐ *31*
- □ iniziato > iniziare ～し始める *75*
- □ innaffio > innaffiare (annaffiare) 水やりする *71*
- □ inoltre 加えて *51*
- □ in piedi 立って *87*
- □ in pieno 完全に *55*
- □ in preda a ～に襲われる *15*
- □ insegni > insegnare 教える *33*
- □ in seguito 後で、のちに *15, 33*
- □ inseguono > inseguire 追う *109*
- □ insolito 珍しい *15*
- □ insuccesso (m) 不成功 *11*
- □ intese > intendere 聞く *63*
- □ intorno 辺り、周り *57, 71*
- □ intuii > intuire 察する *21*
- □ inutile 役に立たない *41*
- □ invaso > invadere はびこる *31*
- □ invecchiato 年を取った *27*
- □ invece 代わりに *11*
- □ invenzione (f) 発明 *85*
- □ irritato いらいらして *37*
- □ issai > issare 引き上げる *117*

l

- □ labbra > labbro (m) くちびる *115*
- □ lacrime > lacrima (f) 涙 *41*

- □ la maggior parte dei > la maggior parte di ~ 大半の *115*
- □ larghezza (f) 幅 *87*
- □ la Terra (f) 地球 *85*
- □ lato (m) 側面 *59*
- □ legami > legame (m) つながり *99*
- □ legare つなぐ *21*
- □ levar del sole 日の出 *115*
- □ lodi > lode (f) 賛辞 *63*
- □ lo stesso いずれにしても *63*
- □ lugubre 悲しい *63*
- □ lunghezza (f) 長さ *87*

m

- □ malinconia (f) 憂うつ *63*
- □ malinconicamente 悲しげに *125*
- □ malintesi > malinteso (m) 誤解 *101*
- □ mantenere 守る *119*
- □ marcia (f) 行進 *117*
- □ matita (f) 鉛筆 *9*
- □ mattoni > mattone (m) レンガ *25*
- □ mazzi > mazzo (m) 束 *107*
- □ me infischiavo > infischiarsi 気にしない *41*
- □ mente (f) 記憶 *119*
- □ mente > mentare うそをつく *81*
- □ meravigliò > meravigliare 驚かせる *55*
- □ meraviglioso みごとな *51*
- □ mercante (m) 商人 *109*
- □ mestiere (m) 職業 *73*
- □ mi addormentai > addormentarsi 眠りにつく *13*
- □ mi affatico > affaticarsi 疲れる *59*
- □ mi arrestai > arrestarsi 止まる *123*
- □ mi comportato > comportarsi ふるまう *51*
- □ mi confidò > confidarsi 打ち明ける *47*
- □ mi domando > domandarsi 自問する *89*
- □ mi fai pena > fare pena ～をかわいそうに思う *90*
- □ migliorato > migliorare 改善する *11*
- □ miliardi > miliardo 10億 *85*
- □ mi ricorda > ricordarsi 思い出す *101*
- □ mi scoraggiato > scoraggairsi がっかりする *11*
- □ misi in equilibrio > mettere in equilibrio バランスを取る *117*
- □ mi stupiva > stupirsi 驚かせる *23*
- □ mi turbò > turbarsi （心を）乱す *19*
- □ mi vergognai > vergognarsi 恥ずかしく思う *39*
- □ modo (m) 方法 *75*
- □ monarca (m) 君主 *55*
- □ moralità (f) 道徳観、倫理 *81*
- □ morda > mordere かむ *129*
- □ mosche > mosca (f) ハエ *67*
- □ motivo (m) 理由 *7*
- □ mucchi > mucchio 山ほどの *129*
- □ muro (m) 壁 *121*
- □ museruola (f) 口輪 *119*

n

- □ nascondermi > nascondersi 隠れる *101*
- □ nascosto > nascondere 隠す *113*
- □ naufrago (m) 遭難者 *13*
- □ nell'atto di ～しようとしている最中に *9*
- □ nemmeno ～さえない *59*
- □ neppure ～すら～ない *79*
- □ ne vale la pena ～ほどの価値もない *129*

☐ noioso わずらわしい *33*
☐ nomino > nominare 指名する *59*

o

☐ obbedisse > obbedire 従う *55*
☐ obiettò > obiettare 反論する *45*
☐ occuparsi 精を出す *33*
☐ ognuno 各人、誰でも *89*
☐ o meno ～かどうか *81*
☐ ometto (m) 少年 *15*
☐ ordine (m) 命令 *53*
☐ orgoglio (m) プライド *39*
☐ osavo > osare あえて～する *125*
☐ osservare 指摘する *29*
☐ osservazioni > osservazione (f) 観察 *19*
☐ ovunque どこでも *23*
☐ ovvio もちろん *31*

p

☐ pallida 青白い *115*
☐ parecchio 相当な *11*
☐ passo (m) 歩 *35*
☐ paziente (m) 辛抱強さ *101*
☐ pazzo 狂っている *129*
☐ pecora (f) ヒツジ *13*
☐ per caso 偶然に *19, 29*
☐ perdoneranno > perdonare 許す *7*
☐ per enigmi 謎めいた > enigma (m) 謎 *90*
☐ per nulla まったくもって *75*
☐ per primo 最初に *95*
☐ persino = perfino ～にいたるまで *41*
☐ (persona) grande (f) 大人 *7*
☐ per via del > per via di ～のために *23*
☐ pesa (f) 重さ *25*
☐ pesante 重い *117*
☐ pezzetto di carta 紙切れ *71*
☐ pianeta (m) 惑星 *21*
☐ pigro 怠惰 *33*
☐ pillole > pillola (f) 錠剤 *109*
☐ pilotare 操縦する *11*
☐ poltroni > poltrone (m) なまけ者 *69*
☐ possiedo > possedere 所有する *69*
☐ pozzo (m) 井戸 *113*
☐ preciso 厳密な *69*
☐ preda (f) 獲物 *9*
☐ prendo cura del > prendere cura di ～の世話をする *33*
☐ preoccuparci > preoccuparsi 心配する *87*
☐ proferir > proferire 口に出す *113*
☐ progetti > progetto (m) 計画、考え *121*
☐ proseguire 続ける *41*
☐ proteggersi 身を守る *39*
☐ pulisco > pulire 掃除する *71*

q

☐ qua e là あちこち *93*

r

☐ raccogliere 摘み取る *71*
☐ radici > radice (f) 根っこ *93*
☐ raggelare 凍る *125*
☐ raggiungerlo > raggiungere 届く *41*
☐ ragionevoli > ragionevole 理性的 *55*
☐ ragioni > ragione (f) 道理、理屈 *23*
☐ ramoscello (m) 小枝 *31*
☐ rancore (m) うらみ *39*
☐ rassicurò > rassicurare 安心させる *129*
☐ rattristarsi 悲嘆にくれる *121*

□ realizzato > realizzare 現す *9*
□ regnate 治める *55*
□ replicò > replicare 返事する *121*
□ reputazione (f) 評判 *25*
□ reso > rendere ～にする *105*
□ restituisco > restituire 返す *90*
□ riaccenderla > riaccendere 再点火する *65*
□ riaccese > riaccendere 再点火する *73*
□ ricominciò > ricominciare 再び始める *61*
□ ricordano > ricordare 覚えている *7*
□ ridicolo こっけいな *77*
□ riempì > riempìre 満杯にする *45*
□ riempiva > riempire いっぱいにする *113*
□ riesce > riuscire できる、成功する *9*
□ rifece > rifare 再度する *25*
□ riguardo a ～に関して *21*
□ rimandare 先延ばしにする *33*
□ rimettersi 再開する *27*
□ rimpiangerai > rimpiangere 嘆き惜しむ *90*
□ rinunciava > rinunciare (rinunziare) 断念する *37*
□ riporti > riportare 持ち帰る *81*
□ riposarmi > riposarsi（身を）休める *73*
□ riprese > riprendere 再び始める *101*
□ risata (f) 笑い声 *23*
□ rischio > rischiare 危険がある *87*
□ risolvo > risolvere 解決する *90*
□ risparmia > risparmiare 節約する *109*
□ rispettati > rispettare 尊重される *57*
□ rispetto a ～と比べて *105*
□ risplende > risplendere 光り輝く *113*
□ risvegliarsi 目覚める *31*
□ riti > rito (m) 習慣 *103*
□ ritraeva > ritrarre 表す *9*
□ ritratto (m) 肖像 *15*
□ rivedermi > rivedersi 再会する *133*
□ rombando > rombare とどろく *107*
□ rosato > rosare バラ色になる *121*

S

□ sabbia (f) 砂 *87*
□ saggio (m) 賢人 *59*
□ sapienti > sapiente (m/f) 学者 *127*
□ sbadigliò > sbadigliare あくびをする *53*
□ scaldare あたためる *49*
□ scalò > scalare 登る *93*
□ scambio (m) 入れ換え *107*
□ scandalizzò > scandalizzare 憤慨させる *21*
□ scarabocchiai > scarabocchiare なぐり書きする *17*
□ scavati > scavare 掘る *115*
□ schiacciano > schiacciare 押しつける *109*
□ schiudersi 開く *43*
□ sciarpa (f) えり巻き *125*
□ sciocco ばか、ばかげている *51, 113*
□ scivolare すべる *123*
□ scomparirà > scomparire 消える *83*
□ scomparve > scomparire 姿を消す *123*
□ scoppiò > scoppiare 不意に～する *19*
□ scoprire 明らかにする *81*
□ scorza (f) 皮、外見 *115*

- □ scrivania (f) 机 *81*
- □ sebbene にもかかわらず *15*
- □ seccato 腹を立てる *53*
- □ segreto (m) 秘密 *37*
- □ seguente 次の *133*
- □ selvatici > selvatico 野生の *11*
- □ semiaperte > semiaperto 半開き *115*
- □ semi > seme (m) 種 *31*
- □ semplificato 単純化された *53*
- □ senso (m) 方向 *107*
- □ sentendosi > sentirsi 感じる *55*
- □ senza case né persone 〜も〜もない *73*
- □ serie > serio まじめな *23*
- □ serpente (m) ヘビ *87*
- □ serve > servire 役に立つ *69*
- □ se stesso 自身 *77*
- □ sfortunatamente 不幸にも *35*
- □ sforzo (m) 努力 *119*
- □ sfrecciando > sfrecciare 疾走する *107*
- □ sfuggire 逃れる *95*
- □ si affrettò > affrettarsi 急ぐ *59*
- □ siccome 〜なので *15, 101*
- □ si entusiasmò > entusiasmarsi 熱狂する *81*
- □ si ficcano > ficcarsi 入り込む *115*
- □ significa > significare 意味する *59*
- □ si interruppe > interropersi 中断する *45*
- □ si intitolava > intitolarsi 〜と題される *9*
- □ sincero 正直な *87*
- □ si perde > perdersi 迷う *11*
- □ si prosciughi > prosciugarsi 乾く *83*
- □ si ribellerebbero > ribellarsi 反乱を起こす *57*
- □ si spegnessero > spegnersi 消える *41*
- □ si tratta di > trattarsi da 〜のようにふるまう *31*
- □ si voltato > voltarsi 振り向く *97*
- □ slegai > slegare ゆるめる *125*
- □ smarrito 途方にくれた *15*
- □ smetterla > smettere 止める *11*
- □ smisto > smistare 選別する *107*
- □ soffre > soffrire 苦しむ *7*
- □ sognato > sognare 夢見る *69*
- □ sollevando > sollevare 持ち上げる *61*
- □ sonagli > sonaglio (m) 鈴 *129*
- □ sopportare 耐える *51*
- □ soprattutto 何よりも *55*
- □ sorveglia > sorvegliare 監督する *135*
- □ sospiro (m) ため息 *59*
- □ sottile 薄い *89*
- □ sparato > sparare 撃たれる *125*
- □ spaventoso おそろしい *67*
- □ specie (f) 種類 *95*
- □ spedisco > spedire 送る *107*
- □ spenta > spento 消えた *65*
- □ spinge > spingere 押し動かす *93*
- □ spostare 動かす *35*
- □ spostarmi > spostarsi 移動する *59*
- □ sprecheremo > sprecare 浪費する *87*
- □ spuntato > spuntare 生える *43*
- □ stranamente 奇妙にも *121*
- □ straordinario 異常な *125*
- □ strapparla > strappare 引き抜く *31*
- □ stretto 締めつけられる *123*
- □ stupefatto あっけにとられる、ぼう然とした *15, 39*
- □ stupore (m) 驚き *15*
- □ suddito (m) 臣下 *53*
- □ svegliato > svegliare 起こす *13*
- □ sveglio 目の覚めている *11*

☐ svelato > svelare 明らかにする *37*

t

☐ tacque > tacere 黙る *101*
☐ tale それほどの *55*
☐ talmente それほどに *23*
☐ tanto in tanto ときたま *59*
☐ tasca (f) ポケット *15*
☐ terranno > tenere 保つ *39*
☐ tesoro (m) 宝 *113*
☐ te stesso（自分）自身 *35*
☐ timore (m) 懸念 *87*
☐ tocco > toccare 触れる *90*
☐ toglie > togliere 取り去る *109*
☐ tollerava > tollerare 耐えられない *55*
☐ tormentarlo > tormentare 苦しめる *45*
☐ torto (m) 過ち *57*
☐ tossire 咳をする *95*
☐ tossì > tossicchaire 咳をする *45*
☐ tracce > traccia (f) 足跡 *123*
☐ tracciare 線で描く *9*
☐ tranne 〜以外 *15, 123*
☐ trascorso > trascorrere 過ごす *13*
☐ trascurato > trascurare 放置する *33*
☐ trattasse di > trattare di 〜を論じる *31*
☐ tratteranno > trattare 扱う *25*
☐ tremava > tremare 震える *117*
☐ trono (m) 王座 *51*
☐ trovano > trovare 見つける *79*
☐ tuttavia それでも *69*

u

☐ ubbidiscono > ubbidire 従う *55*
☐ ubriacone (m) 大酒飲み *63*
☐ uccidono > uccidere 殺す *123*
☐ udii > udire 聞こえる *121*
☐ umiliato 自尊心が傷つく *45*
☐ un colpo di 〜一息で *115*
☐ unici > unico 唯一の *85*
☐ un po' dappertutto そこら中 *11*

v

☐ vanitoso うぬぼれの強い *43*
☐ vanitoso みえ坊 *61*
☐ veleno (m) 毒 *123*
☐ vergogna (f) 恥 *65*
☐ verso 〜に向かって *95*
☐ vetro (m) ガラス *45*
☐ vi appena > appenarsi 苦しむ *73*
☐ vi rassomigli > rassomigliarsi 相似る *105*
☐ vissute > vissuto (vivere) 経験した *9*
☐ volentieri よろこんで *101*
☐ volontà (f) 意志 *57*
☐ volpe (f) キツネ *97*
☐ volto (m) 顔色 *17*
☐ vuote > vuoto からっぽ *63*

z

☐ zampe > zampa (f) 足 *90*
☐ zattera (f) いかだ *13*
☐ zitte > zitto 静か *127*

やさしいイタリア語で読む
星の王子さま

2018年6月9日　第1刷発行

原著者
サン=テグジュペリ

イタリア語訳
エステル・フォーミッチェラ

発行者
浦　晋亮

発行所
IBCパブリッシング株式会社
〒162-0804 東京都新宿区中里町29番3号 菱秀神楽坂ビル9F
Tel. 03-3513-4511　Fax. 03-3513-4512
www.ibcpub.co.jp
印刷所
中央精版印刷株式会社

ISBN978-4-7946-0543-6